房地产销售人员成长手册

房地产中介门店培训全书

赵大君 ○ 著

中国商业出版社

图书在版编目(CIP)数据

房地产销售人员成长手册 / 赵大君著. -- 北京：中国商业出版社, 2019.4

ISBN 978-7-5208-0630-5

Ⅰ.①房… Ⅱ.①赵… Ⅲ.①房地产－市场营销学－手册 Ⅳ.①F293.35-62

中国版本图书馆 CIP 数据核字(2019)第 035340 号

责任编辑：王彦

中 国 商 业 出 版 社 出 版 发 行
010-63033100　www.c-cbook.com
(100053 北京广安门内报国寺 1 号)
新华书店经销
廊坊市旭日源印务有限公司印刷

* * * * *

880 毫米 ×1230 毫米　1/16 开　14.5 印张　200 千字
2019 年 6 月第 1 版　2019 年 6 月第 1 次印刷

定价：50.00 元

* * * *

(如有印刷质量问题可更换)

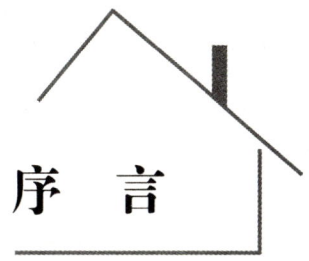

序 言

　　许多房地产销售人员都有这样一种体会：房产销售行业是容易创造销售奇迹的黄金领域。中国房地产市场正值高速成长期，业务规模迅速扩大，市场化程度越来越高，房地产业大有可为！

　　房地产市场的前景和"钱"景无疑令人心动。

　　然而，房产销售工作是一种令人羡慕同时又容易让人望而却步的职业。令人羡慕，是因为这一职业极富有挑战性，优秀的房地产销售人员能从中品味出自己的人生价值，并获得丰厚的回报；让人望而却步，是因为房地产销售工作是一项需要销售人员不断面对挑战，不断面对失败和挫折的职业。

　　随着中国房地产市场的快速发展，国内房地产中介如雨后春笋般兴起，从业人员越来越多，而消费者也越来越成熟，因此房地产销售工作的难度也越来越大。

　　房地产销售人员常常感到迷茫和困惑：

　　为什么我使出浑身解数做销售，客户都不买？

　　为什么我越殷勤，客户越疏远？

　　为什么我的工作做得这么到位，客户还是挑三拣四？

　　为什么我的业绩总是比别人的低？

　　为什么房屋条件与客户要求差不多，客户还总在犹豫？

　　为什么好不容易要达成的交易，在即将成交的时候客户却突然变卦？

　　为什么做房地产经纪人这么难？

这一切只能从自身寻找答案！房地产是一种特殊商品，是不动产，促成交易的要素往往十分复杂，导致客户内心变化的内外在条件也极多。除了房地产性价等自身因素外，你的业绩不理想可能是你的韧劲不够、态度不佳、形象不好、服务不周、反应不快、技艺不精、工作不细……从而使客户产生了疏离、疑虑、畏怯、反感……

可见，现在的房地产销售工作已经成为一种高难度、高技巧、高度专业化的职业。这与很多人理解的销售完全不同。许多人理解的销售非常简单——销售就是卖东西！

的确，销售是卖东西，但销售也决不仅仅是卖卖东西那么简单，更是在卖人品、卖智慧，以及他的技巧和口才。销售的过程就是一个展现自我的过程。销售是创造、沟通与传送价值给客户，及经营客户关系以便让组织与其利益关系人受益的一种组织功能与程序。

房地产销售是一种光荣、崇高的职业，是将本公司产品向市场推介的过程。

首先，销售人员必须对房地产中介所代理的楼盘有一个全面的了解，深刻认识其市场价值，找出与周边楼盘的不同，以及本楼盘的亮点，加以文化理念性的创意阐述，达到震撼效果；

其次，销售人员对房地产市场充分调研，精准定位，价格适中；

最后，销售人员熟练掌握营销技巧，热诚款待来访客户，分类管理、重点追访、注重细节、欲擒故纵。

本书针对房地产中介销售人员在销售过程中的各种情境，有针对性地介绍了各种方法和技巧，内容全面而实用。包括房地产销售人员塑造个人形象的技巧、说话的技巧、聆听的艺术、展示与介绍房地产的技巧、应对客户异议的技巧、促成交易的技巧和售后跟踪服务的技巧，全面细致，注重实战。

当然，一个人的成功从改变思想开始。

下面这些内容是我为各位读者收集准备的，我想看后你一定会有感触：

如果你只为薪水而工作，你的生活将因此而陷入平庸之中。你找不到人生中真正的成就感。工作的目的虽然是为了获得报酬，但工作能给你带来的远比工资要多得多。

不要小看自己所做的每一件事，即便是最普通的事，也应该全力以赴、尽职尽责地去完成。小任务顺利完成，有利于你对大任务的成功把握。

如果你自认为敬业精神不够，那就趁年轻的时候强迫自己敬业——以认真负责的态度做任何事！经过一段时间后，敬业就会变成一种习惯。

每天多做一点的工作态度将会让你从你的同事中脱颖而出，不管你是普通职员还是管理阶层，都一样适用。你的上司和客户都愿意加倍地信赖你，从而给你更多的机会。

如果你永远保持勤奋的工作态度，你就会得到他人的肯定和赞扬，就会赢得老板的器重，同时也会获取一份最可贵的资产——自信。

一个忠诚的人十分难得，一个既忠诚又有能力的人更是难求。在人生事业中，需要用智慧来做出决策的大事很少，需要用行动来落实的小事甚多。少数人需要智慧加勤奋，而多数人却要靠忠诚和勤奋。

热忱是工作的灵魂，甚至可以说是生活本身。年轻人如果不能从每天的工作中找到乐趣，仅仅是因为要生存才不得不从事工作、完成职责，这样的人注定是要失败的。

付出多少，得到多少，这是一个众所周知的因果法则。回报也许无法立刻得到，却可能会在不经意间，以出人意料的方式出现。

如果不是你的工作，而你做了，这可能就是机会。

有信仰本身就是一种价值，因为坚持这种信仰使自己有所追求、有所寄托。信仰是心中的绿洲！宗教可以是一种信仰，爱情可以是一种信仰，职业也可以是一种信仰。真正能把自己的事业当成自己的信仰，那会增加我们的幸福感。职业信仰的树立可以为我们坚定未来的目光，让人生充满外在物质无法填补的内在精神的激荡！

以此为序言！

目 录

第一篇 服务从心开始,理念决定职业高度

▶**Chapter 1**
树立从业使命,植根于内心的房产销售人员服务意识 002

    1. 解析国外行业及人员现状 002
    2. 中国房地产中介及销售人员现状 006
    3. 做最合适的房地产经纪人 009
    4. 明确房地产人员优质服务目标 012
    5. 强化和不断丰富自身各方面的知识 016
    6. 让服务意识渗透到职业血脉之中 019

▶**Chapter 2**
做最得体的房地产中介服务者,给客户留下良好的职业印象 022

    1. 个人形象将直接代表公司形象 023
    2. 请注意个人的服装及整体面貌 024
    3. 与客户交往的基本礼仪 029

  4. 掌握与客户沟通的技巧 ……………………………………… 035

  5. 做一个善于倾听的人 …………………………………………… 038

  6. 应对客户的拒绝和处理 ……………………………………… 039

第二篇　提升终端人员销售技能，用服务引爆业绩

▶Chapter 3

练就过硬基本功，房地产经纪人应学习的基础知识及法律法规 …… 044

  1. 房地产的基本概念 …………………………………………… 044

  2. 房地产市场的分类及特征 …………………………………… 047

  3. 房地产的类型 ………………………………………………… 049

  4. 房屋建筑结构的分类标准 …………………………………… 051

  5. 了解一些房地产专业术语 …………………………………… 052

  6. 八种国家限制买卖的房屋 …………………………………… 054

  7. 房地产开发及土地使用权的相关法律条款 ………………… 054

  8. 商品房销售必备的"五证" …………………………………… 056

▶Chapter 4

十分成交，百分准备：房、客源开发与商圈调查 ………………… 058

  1. 商圈调查的概念、内容和方法 ……………………………… 058

  2. 房、客源开发的方法与技巧 ………………………………… 062

  3. 过期房源业主和自售业主 …………………………………… 074

  4. 网络营销的关键点 …………………………………………… 077

  5. 房屋实勘与获取委托 ………………………………………… 085

  6. 限时速销业务 ………………………………………………… 093

Chapter 5
房地产经纪人要懂得客户购买心理 099

1. 你真的了解你的客户吗 099
2. 你的客户从哪里来 104
3. 客户性格是打开通往成交的大门 106
4. 客户五层内需的拉动技巧 110
5. 迅速找到客户心理切入点的技巧 113
6. 由你来打开客户心灵的暗盒 116
7. 客户购买七个心理阶段的操纵技巧 121
8. 成功沟通和高质量匹配 124

Chapter 6
带看技巧也有道，精准教你怎样抓住客户 133

1. 带看前的准备 133
2. 带看中的技巧 135
3. 带看后的追踪 138
4. 带看技能提升——有效带看 140
5. 带看技巧实战——租赁业务 144
6. 普通租赁约看流程与成交技巧 149
7. 房屋管家及其优势 152

Chapter 7
谈判有术，注意房地产销售过程中的磋商谈判 157

1. 磋商谈判的意义 157
2. 磋商谈判的内容 160

3. 磋商谈判应注意的事项 162

4. 磋商谈判的实战技巧 167

5. 磋商谈判的成果——合同的签署 177

▶ **Chapter 8**

把握成交按钮，随时应对客户促成房地产销售 185

1. 搞清楚客户产生异议的原因 185

2. 预防客户半途拒绝 189

3. 提炼让客户无法拒绝的卖点 196

4. 及时嗅出成交的味道 198

5. 抓住促成交易成功的时机 201

6. 促进快速成交的要点 204

▶ **Chapter 9**

售后也是营销，房地产销售如何做好售后服务 209

1. 售后服务，房地产营销系统中不可缺少的 209

2. 真正直面客户，做好售后服务 212

3. 从客户利益出发，推进楼盘品质优化 215

4. 代表客户利益，细化售后的每一步工作 217

第一篇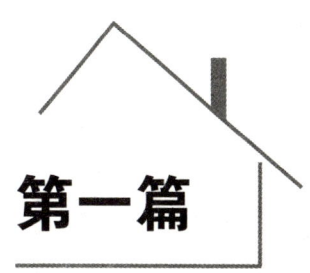

服务从心开始，理念决定职业高度

Chapter 1

树立从业使命，植根于内心的房产销售人员服务意识

服务意识是房地产经纪人在销售过程中所体现的个人为客户提供热情、周到、主动的服务欲望和意识。而房地产经纪人的服务意识表现在房地产中介全体员工在与所有客户的交往中。服务意识概念更多的是房地产经纪人所表现的综合素质。

1. 解析国外行业及人员现状

随着房地产的日益发展，众多房地产中介也随之增多。房地产中介是人们生活中必不可少的一个重要组成部分，让人们的购（租）房更加便捷。

放眼国外，在国外人们的生活中，同样也离不开房地产中介。由于国外房地产市场优先于国内发展起来，具有非常完善的房产体系，以及成熟的运营模式和管理经验。在国外很多国家，房地产中介都拥有非常完善的规章制度。

比如说：中介机构管理制度、法规制度、职业道德等，国外行业人员的素质也得到极大提升。

相对于国内的房地产经纪人，在国外做房地产，对于从业人员的素质要求极高，甚至不能称其为普通的房产销售员，而称其为房产顾问。其要具备很高的自身素养，要会的知识也不仅是简单的房产知识。

Chapter 1 树立从业使命，植根于内心的房产销售人员服务意识

国外房地产行业销售人员，需要给具有投资与购买能力的客户提供专业化的服务，并提供适合客户的解决方案。国外房产销售，已经不是简简单单的卖房子，而是高端咨询服务业。

（1）发展历史悠久，中介事业发达

国外房地产中介已有近百年的历史，无论买卖存量房还是增量房，几乎都是通过中介进行交易，所有买房信息都通过经纪人协会传送。如果开发商自己不是经纪人，还要委托经纪人中介机构来办理，而自己只能专心致志开发生产。

对于房地产预售，必须通过房地产经纪人来办理。

在美国，房地产交易有85%是通过中介服务交易而成的，可见其民众对房地产中介业的信任，究其原因，主要是因为他们有一套独具特色的房地产中介管理制度和运作手段。

（2）法规健全

在美国有一套健康的房地产行业法律法规。比如，《房地产执照法》规定了经纪人取得执照的条件、资格、标准等，并由州房地产委员会作为执行该法的机构，核发、拒发、扣留、吊销执照，出现纠纷视情节可进行诉讼。

一系列法规是美国房地产中介业长期健康发展的基础，是规范中介行为、保护各方权益的保证。

（3）行业人员资格准入严格，机构准入市场化

美国房地产经纪人制度规定了两类资历不同的专业人员——销售员和经

纪人，他们必须通过房地产经纪人执照考试，方可取得执照开业。

销售员取得执照的条件是：年满18岁的自然人，修完《房地产原理》，考试合格后，在会计、商业、公证、专业法律、产业管理、房地产估价、房地产经纪人、房地产贷款、办公室行政管理、房地产实务等10门课中任选6门，18个月内学完，并达到2门合格者，才能取得销售员执照。

经纪人取得执照的条件是：年满18岁的自然人或法人，大学学历，2年实务，修完房地产实务、法律规章、财务、估价、会计共5门必修课，并在商业、法律、管理、公证等课程中再选3门，通过考试。一般能通过考试的人大约只有20%。为保证房地产经纪人的专业水准和服务质量，每年还要参加考试，接受再教育。执照每4年须申请重新换发，要求申请者同时应提出证据证明执照持有人已完成45小时有关不动产的最新教育原理课程、讨论或会议。

（4）房地产中介发展注重连锁经营和品牌效应

21世纪不动产作为全球卓越的房地产特许经营品牌，遍布全球78个国家和地区，并拥有将近7 000家门店和超过100 000名经纪人，为全球的客户提供投资、置业的全方位服务。

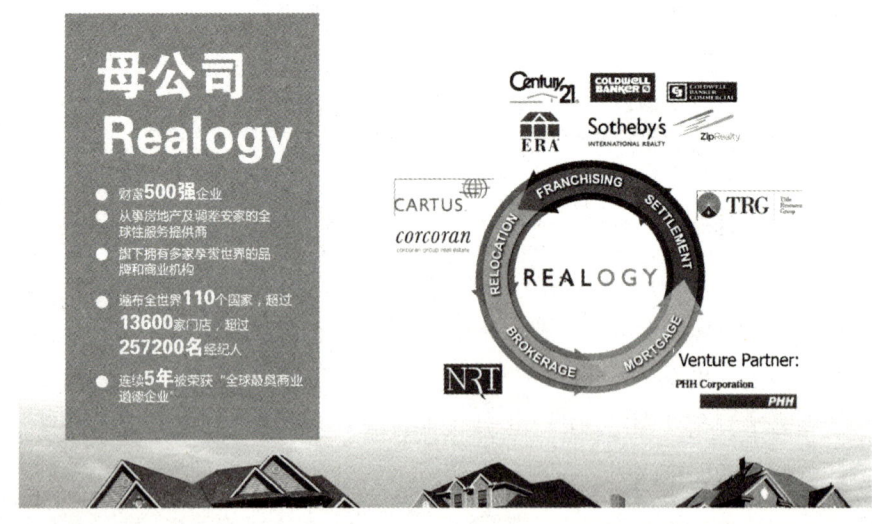

无论客户的需求是在亚洲、北美、欧洲，还是中东地区；无论客户的需求是投资还是自用，遍布全球的21世纪不动产经纪人都会竭尽全力为客户找到

满意的房产。

21世纪不动产品牌核心价值：为消费者提供放心、省心的服务。

21世纪不动产品牌价值主张："我们是一个强大的、充满活力的全球房地产大家庭。我们每天努力提供最前端的市场情报，利用我们的优势帮助你成功购买和出售房产。"

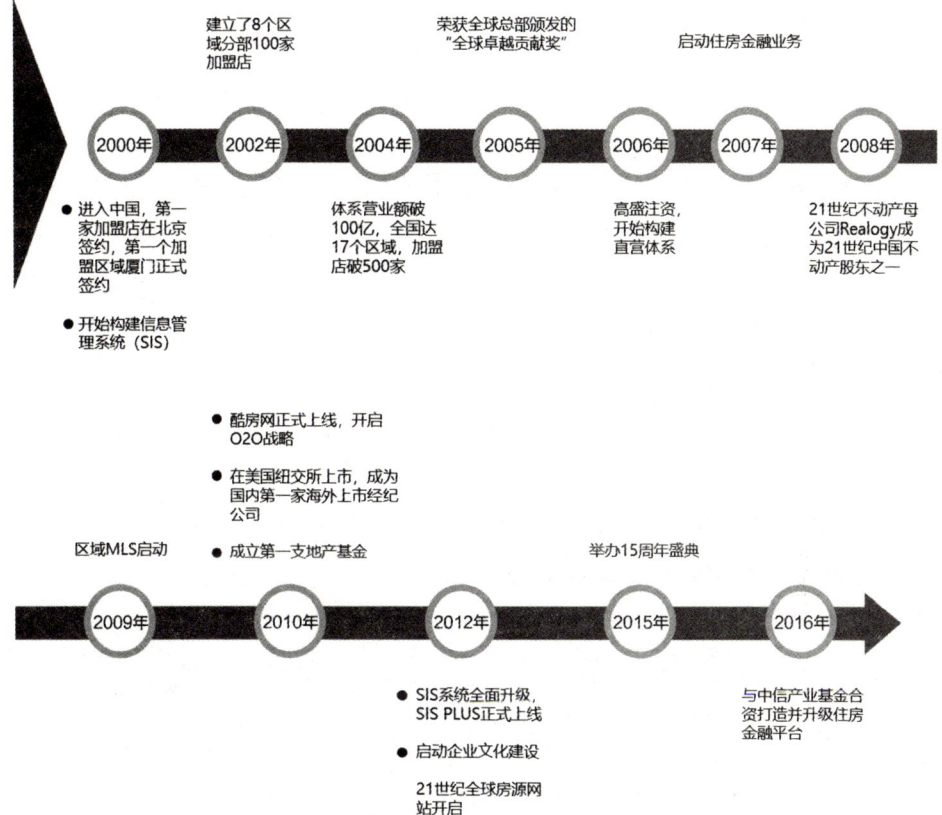

在亚洲国家——日本，房地产中介的组织方式都不是独立经营，主要有3种形式：直营连锁经营、加盟连锁经营和加盟直营混合式经营。

（5）国外大型中介机构抢滩中国

由于普遍看好中国房地产市场，许多国外中介公司意欲进驻中国。全球规模最大的特许经营房地产中介体系——美国"21世纪不动产"已在中国内地全面启动。2000年进入中国，一直深耕一二线。随着存量房市场开始由区域化走向全国化，不少三四线的二手房市场也步入了快速启动期。

在"每家加盟店都独立拥有和运营"的原则下，"21世纪不动产"为各个合作商提供先进的经营系统以及专业的帮助和辅导，充当其房地产中介业务的长期顾问。它的合作商可以利用其强大的品牌，吸引国际、国内的更多客户，通过互联网共享系统内丰富的信息资源，以及靠体系的规模效应降低自身运营成本。

2. 中国房地产中介及销售人员现状

在我国，房地产中介属于新兴行业，自20世纪80年代以来，随着我国城镇住房制度改革，房地产行业迅猛发展，加快了房地产中介服务机构的产生和房地产中介市场的兴起。

房地产中介服务，包括房地产咨询、价格评估和经纪等活动。

房地产中介服务机构是承办房地产中介服务业务的主体，包括房地产咨询机构，房地产价格评估机构和房地产经纪人机构。

房地产经纪人行业驱动因素及规模预测：

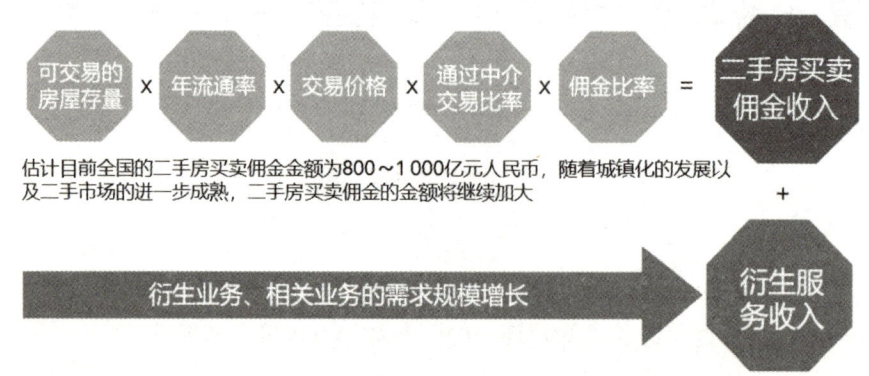

房地产中介机构在活跃房地产市场、满足居民购房需求等方面发挥了重要的作用。但中国房地产中介行业毕竟是一个新兴行业，和国外房地产中介行业

已有百年发展历史相比，仍有很多不足之处。

(1) 房地产中介市场的现状

随着房地产市场的发展，中介服务机构数量逐年增多，从二手房买卖和租赁市场状况来看，房地产中介已经成为房屋买卖和租赁信息的主要来源。同时，受制于我国大中城市的楼市调控政策，不少购房者持币观望，再加上不少低收入人群的存在，租赁市场也火爆起来。

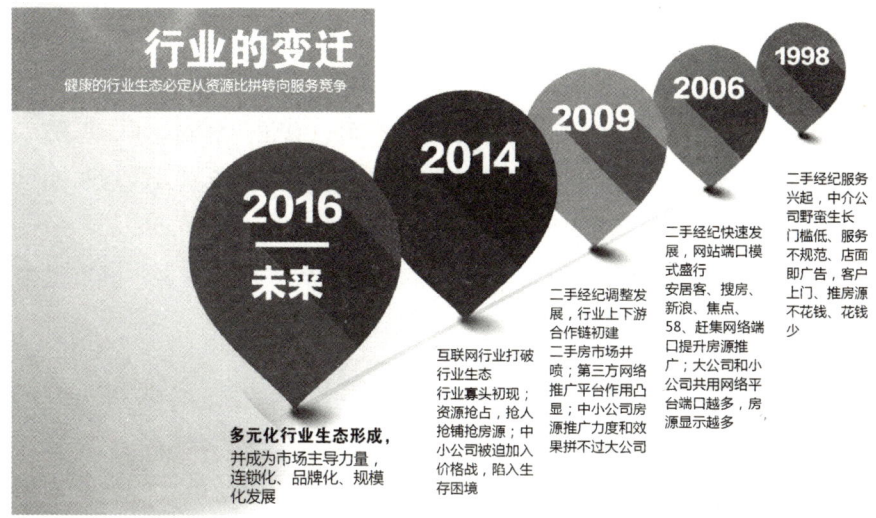

总之，市场需求是房地产行业从业人员发展的最强大动力。

(2) 当前房地产中介市场存在的问题

第一，房地产中介服务发展不足。

首先，从房地产中介服务机构的数量上来看，发展不平衡，发达地区数量多，欠发达地区数量少，这与人们的购房需求产生了一定矛盾。其次，从发展质量来看，部分中介机构规模小，管理不规范，缺乏现代企业制度管理模式和运营机制，在内部员工管理、业务管理、财务制度等方面缺乏制度化的规范。

第二，房地产中介服务"阴阳合同"的存在。

所谓"阴阳合同"，就是在一次房地产交易的过程中签订两份合同，达到避税的目的。其中,"阴合同"显示真实的交易价格;"阳合同"显示的是比实际价格低的虚假价格,达到少交税费的目的。

第三,房地产中介机构挪用客户资金。

挪用的客户资金,主要来源于二手房买卖中由中介机构代为保管的购房款,以及房地产中介办理租赁业务时产生的租金沉淀。一旦中介机构的资金链断裂,客户的利益便会遭受重大损失。

第四,房地产中介机构通过欺诈手段赚取差价。

房地产中介"吃差价"的手段,主要有以下几种:

①要求卖房者低价出售,对买房者高价卖出,有意隔绝买卖双方信息,从中赚取差价;

②用现金支付的方式低价买进,房地产中介再以高价出售给客户;

③在办理租赁业务时,采用向出租者支付短期租金而向承租人收取长期租金,或者低价租赁房屋再高价租出等方式获得差价。

"吃差价"的行为使得中介机构在短时期内能积累大量的资金,严重侵害了客户的权益。

(3)加强对房地产中介从业人员素质的培养和监督

第一,房地产中介机构从业人员整体专业性不强。

作为一名房地产服务机构的从业人员,你不是简单的"解说员""算价员",而是通过现场服务、引导客户购买、促进楼盘销售,为客户提供投资置业专业化顾问式服务的综合型人才。

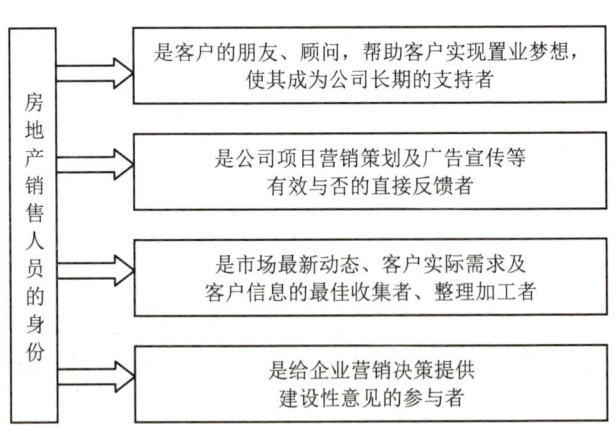

房地产中介行业是一个涉及面广、专业性强的行业，从业人员须具备法律、建筑、营销、评估等相关专业知识。但是当前，我国从事房地产中介的服务人员专业素质不高，有一些从业人员没有房地产经纪人资格证，而取得房地产估价师资格的人数更是稀少。

随着房地产业市场发展趋向纵深化，综合素质差的从业人员就很难对信息做出科学化的判断和处理，这制约了房地产中介市场的发展。

第二，房地产中介服务人员素质提升。

房地产中介机构从业人员素质的高低是决定中介机构服务水平和规范化程度的重要因素。应借鉴国外房地产中介的经验，要求房地产中介从业人员必须经过严格的职业培训，并由政府主管部门审核考试通过后，才能持证上岗。

同时，在重视从业人员专业素质培养的同时，也要加强从业人员道德的培养和监督。应严格从业人员网上登记注册制度，方便客户查询，对从业人员实施监管。

3. 做最合适的房地产经纪人

"用工荒"在近几年的媒体中频繁出现，然而，很多求职者因为找不到合适的工作而"啃老"。在房地产行业的用人方面，一边是房地产中介招不到合适的人才，另一边是求职者找不到合适的工作。

为什么会出现这样的现象呢？

有一点不容忽视：求职者不具备实际胜任工作的能力！另外，一些掌握了一定技能的人，却缺乏一些职业基本常识和职场礼仪，因而，往往在试用期之内就被"刷"下来了。

房地产销售人员具有鲜明的职业特征：

房地产销售人员是房地产中介的形象代言人。通过面对面地直接与客户进行沟通，其专业技能、工作作风、服务意识充分体现了公司的经营理念、价值取向及企业文化，其一举一动、一言一行在客户的眼中代表着企业（品牌）的形象。

成功的房地产经纪人是怎样炼成的？

销售无技巧,功夫在"磨刀"——积累和修炼,包括三个方面:心态、知识和技巧。

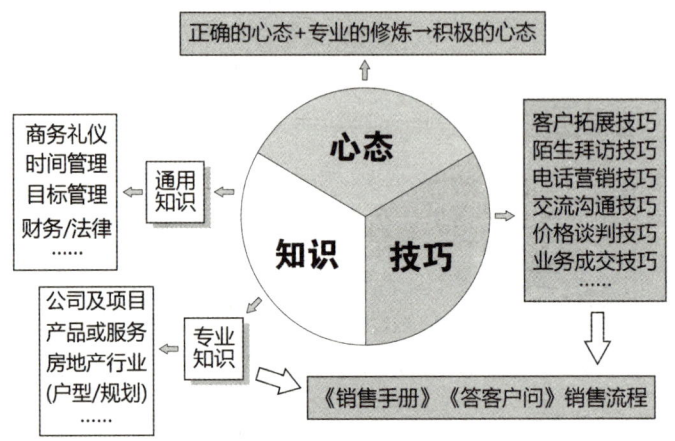

房地产销售人员是企业和客户信息沟通互动的桥梁。房地产销售人员一方面把品牌信息传递给客户,另一方面又将客户的意见、建议等信息传达给企业,以便企业更好地提高服务质量。

客户喜欢什么样的售楼员?

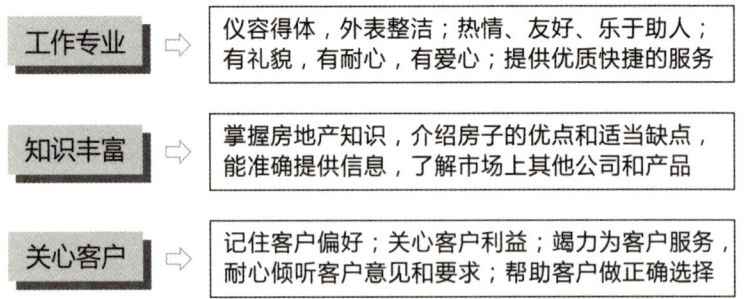

在什么样的职位上、拿着多少薪水、享受什么样的待遇,只能说明你目前所处的状态,而工作态度和工作方式才是能体现工作心理的关键因素。拿多少钱,做多少事,这是很多人经常挂在嘴边上的口头禅,对待职业的态度认知不够便会产生对待工作的惰性。

Chapter 1 树立从业使命，植根于内心的房产销售人员服务意识

心态是一个人对事物的态度。积极心态是指主动向正面的、好的方向去思考问题，并积极采取行动，努力实现目标；消极心态是指不满足于自身条件或能力，进而造成信心的缺失，看事情容易往负面的、不好的方面想，轻易就会放弃目标。

你经常带着不好的心态带客户去看房吗？你常担心因为价格太贵客户不会看吗？你的客户经常拒绝你吗？

如果都不是，恭喜你，你是一个拥有积极心态的人。

积极的心态源于专业的修炼，积极的心态不等于激昂的口号，积极的心态需要科学的训练，积极的心态来自长期的磨炼。

销售人员必备的四种积极的态度：

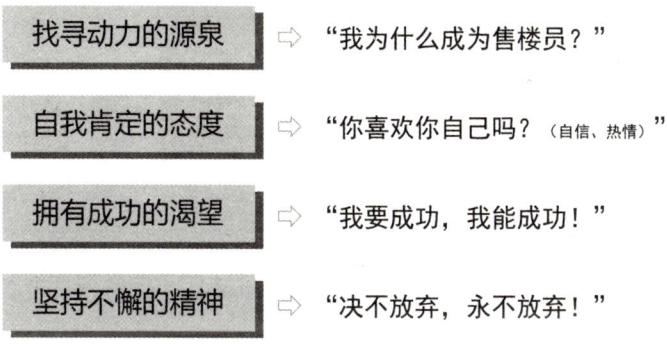

成功的销售没有捷径，销售是一种实践，是一个艰难跋涉的过程；只有真正经历过痛苦、快乐，经历过人生的磨炼，我们才能达到事业的巅峰。

你愿花三年以上的时间做房地产的销售工作吗？这是成为置业顾问的唯一秘诀。如果对所从事的售楼工作没有热情，如果仅仅是想有一份工作，如果只是为了养家糊口……你永远也不会取得成功！

想爬多高，功夫就得下多深——坚韧；

蹲得越低，跳得越高——踏实；

高效的工作造就成功的置业顾问——高效、聪明。

据统计，从事房地产销售工作的人中，80%是做最基础的销售工作。我们

要想成功，就必须从置业顾问做起，销售→营销→经理→总监，一步一步锻炼自己，提升自己。

时间是公平的，同样是做房地产销售，成果却各不相同，原因就在于我们是否浪费了时间？是否一直积极地在行动，是否每时每刻都在关心客户……

房地产经纪人要学会在工作中总结提高。善于学习，勤于总结，边干边学边提高。聪明的人积极工作，愚笨的人消极被动工作。

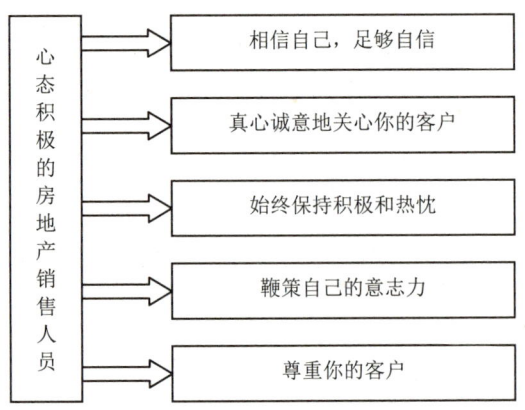

一流的置业顾问让客户立即冲动，二流的置业顾问能让客户心动，三流的置业顾问让客户感动，四流的置业顾问让自己被动。只有保持积极的心态，我们才能在困境中仍对未来充满希望。事实上，这也正是成功者与失败者的差异所在。

4. 明确房地产人员优质服务目标

房地产销售成功的不二法门，就是想方设法让客户满意。因为客户是付钱的人，客户满意是生意兴隆的关键。

勒伯夫在一个关于"为什么客户离开了"的某个企业的问卷调查中可能已经找到了线索。这次问卷调查的结果如下：

3%的客户搬家走了；

5%的客户与其他企业交上了朋友；

9%的客户由于竞争的原因离开了；

14%的客户对产品不满意；

68%的客户因为店主、经理或一些员工的冷漠态度而离开。

所以，如何推陈出新，打破传统的服务流程模式，增加更多忠诚的客户是未来房地产企业之间竞争的制胜法宝。

"客户"是什么？

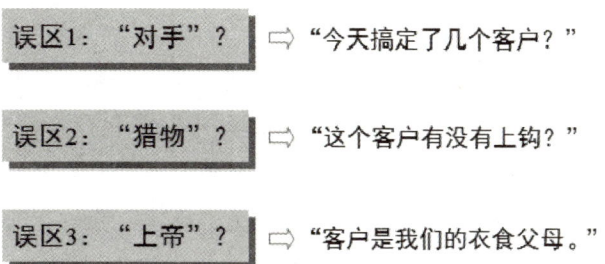

客户服务是指一种以客户为导向的价值观，任何能提高客户满意度的内容都属于客户服务的范围。客户服务不仅是一种活动，更是一个过程，还是某种结果。

作为一名房地产中介机构的销售人员，对客户的服务内容包括：

（1）传递房地产公司的信息。

（2）了解客户对楼盘的兴趣和爱好。

（3）帮助客户选择最能满足他们需求的楼盘。

（4）向客户介绍所推荐楼盘的优点。

（5）帮助客户解决问题。

（6）回答客户提出的所有问题。

（7）说服客户下决心购买。

（8）向客户介绍售后服务。

（9）让客户相信购买此楼盘是明智的选择。

客户服务的目标是什么？

目标是致力于实现的某种东西，并且愿意花费精力去获得。

设定目标的规则：写下来，具体并可称量，你的目标记住是"你的"，可信的，现实并可实现的，有实际的计划做支撑，与其他商业或生活的目标相平衡。

房地产经纪人设定好短期目标、中期目标和长期目标：

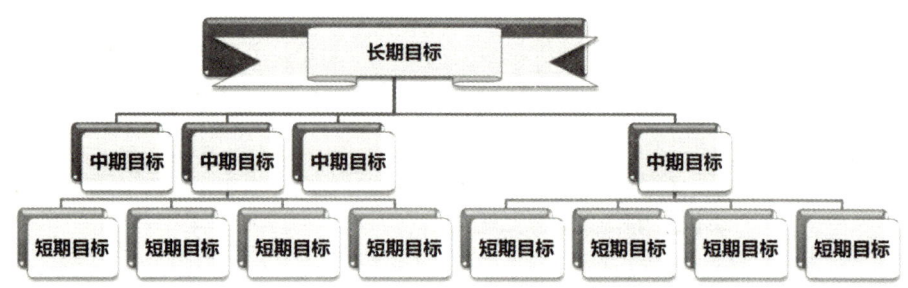

实现目标：

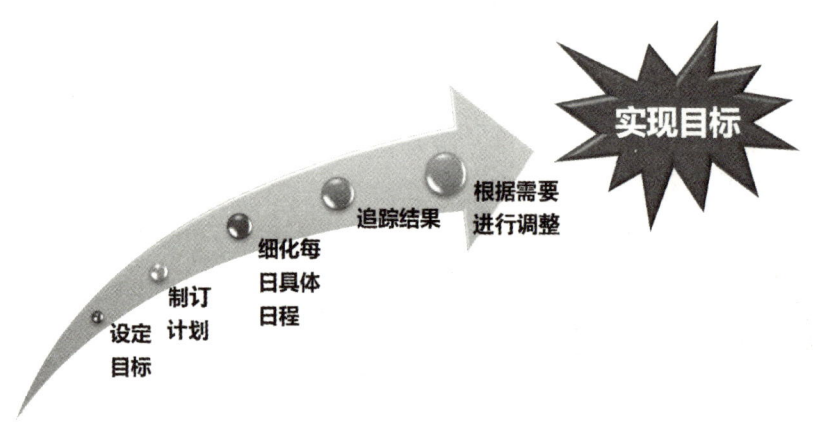

销售人员要利用专业的知识为客户提供咨询便利服务，从而引导客户购房。

无论你是作为生意人，还是一名普通的房地产销售人员；无论你是作为丈夫，还是作为一名妻子；无论你是作为一名老师，还是作为一名学生；无论你为人父母，还是为人儿女……任何人要取得成功，都必须知道这个世界上成功最重要的秘诀，到底是什么？

Chapter 1 树立从业使命，植根于内心的房产销售人员服务意识

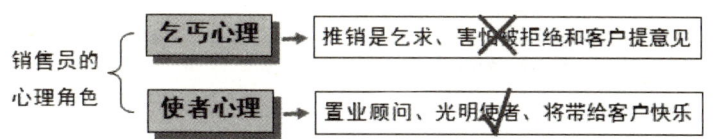

答案是快乐与痛苦。

房地产销售人员优质服务的目标就是让客户获得快乐和逃避痛苦。

客户购房，能够给他带来的快乐是什么，比如房子的居住功能、优越的地段、优质的楼层、合理的价格等，不买房的痛苦，比如房价上涨的风险、贷款利率的波动、限购条件，等等。

人之所以会产生行动，有两个很重要的因素：一个叫作追求快乐，另一个叫作逃离痛苦。因为每个人生来都有一种本能愿意去追求快乐和逃离痛苦，他做任何一件事的目的都是因为他做了这件事能得到快乐或者是能避开痛苦。

举例来讲：

天气很冷，你不想起床，是因为你觉得躲被窝里会比较快乐。可是，这个时候，你爸爸走到床前对你说："你再不起床，我就打你一顿。"你为了逃离挨打的痛苦，于是你马上起床了。

或者你爸爸这样对你说："快点起床，今天给你10块钱买糖吃。"你为了追求这十块钱给你带来的快乐，你起床了。

可见，人都是要追求快乐和逃离痛苦的。弄懂了这个道理，你就明白了做销售工作的真谛，你给客户提供的服务，也是为了追求快乐和远离痛苦的。如果你在服务过程中，能让客户感到快乐，他就会愿意购买你的产品；如果你让他感到的是一种痛苦，他就会为了避开痛苦而离开你。

我们房地产经纪人从早到晚都很努力地、如履薄冰地服务每一个客户，招待每一个客户，吸引每一个客户，留意每一个客户，最终，房子成交了。这就是我们服务的目标，而不是把客户仅仅当成我们谋生的工具。我们要充分重视"要亲自服务每一个客户，让每一个客户快乐"这样的一个结果。

明确的目标	⇨ "我要什么？(必须是可量化的目标)"
乐观的心态	⇨ "卖房子，我快乐。(用热情感染客户)"
专业的表现	⇨ "我专业，我成功。(赢得客户的信赖)"
大量的行动	⇨ "从今天开始，坚持不懈地行动。"

如果你不太重视这个结果，而导致了你对个别客户的投诉、抱怨都不在意。你可能会这样想：我现在生意很好，不差这一两个客户。随着客户的离开，不好的口碑也慢慢传开了。虽然一两个客户，不会让你的生意在一时之间遭受倒闭的威胁。但是，时间一久，你就发现越来越多的客户跑去跟竞争对手买东西。

可是，你还不知道其中的原因。等问题严重时，你就跟一线客户接触，希望能了解到原因，结果你只找一些表面原因。至少其中的根本、核心的原因，你一点也不知道，最后，你只能眼睁睁地看着你的生意清淡了。当客户离去之后，你的生意就因为客户的离去而下滑。

服务好每一个客户，是房地产经纪人永远应该保持的心态。

5. 强化和不断丰富自身各方面的知识

犹太人曾说过："这世上有三样东西是别人抢不走的，一是吃进胃里的食物，二是藏在心中的梦想，三是读进大脑的书。"

我们无法预知未来，但我们可以不断学习和成长，为明天的一切可能做好准备。我们好奇，我们恐惧，我们在未知的空白面前试图武装自己、保护自己，适应大自然的瞬息万变。唯有知识，陪着我们一起成长，看着我们创造一个又一个的灿烂明天。

房地产经纪人需要具备许多知识。

首先，你要熟知自己所销售项目的所有相关信息，比如：楼盘总占地面积、楼盘总户数、户型分布、价位分布、小区绿化率、小区容积率、小区先进的安防系统及星级的物业管理、楼盘周围的市政建设情况及周边配套设施等，了解房屋的结构、朝向、户型特点等，熟悉每套房屋的优劣。

其次，你要知道周边的地理环境、交通设施等，清楚房屋买卖贷款等问题。要随时了解周边竞争楼盘的动向，以及整个房地产行业的相关信息。俗话说，"知己知彼，百战不殆"，才能在以后的工作中做到客户有问必能答，而且还能向客户阐述自己的观点及看法，使客户相信"我是最专业的置业顾问"，客户才会产生信任感；这样才能提高自己的销售业绩及成交率。从而使自己成为一位最优秀的房产销售。

再次，也是最主要的，你要有广泛的知识，因为你会遇到不同的客户，他们的需求往往各不相同，如果你能很好地抓住客户的心理，那你的机会就会大很多了。

房地产经纪人只有不断学习，才能提高自己的修养、气质和言谈举止，而这些对职业发展都是很有帮助的。"干到老，学到老"是必须要坚持的理念，只有这样才能提高自身的水平，不断成长和超越。

对于房地产经纪人，汲取新知识非常重要，除了书本知识，在工作中用心学非常关键。我们要从客户那里学，从同行那里学，这样才能"知己知彼，百战不殆"。

善于学习的房地产经纪人，才能认识到自己的不足。

在工作中，习惯于抱怨他人的人，总是拼命放大自己的优点，却拿显微镜观察别人的不足。他们总是不自觉地把别人的不足都看作是海洋，而自己的哪怕一丁点儿优点，也被看得像海洋那么大。

其实，每个人都有自己的不足。能心平气和地承认，才能发现真正的问题，随后解决问题，而不是整日沉陷在抱怨之中。

有一个房地产经纪人向他的朋友抱怨："我的老板一点也不把我放在眼里，改天我要对他拍桌子，然后辞职不干了。"

朋友问他："你完全了解了那家公司吗？他们是如何做到行业数一数二的，这家企业的优势有什么呢？你的业绩为什么没有别人的优秀？"

听到"没有"的回答后，朋友说："君子报仇三年不晚，我建议你好好地把他们的经营、管理、业务等完全搞通，甚至等你成为房产公司的销售冠军，

然后再辞职不干。"

他的朋友继续说道："你用他们的公司，作为免费学习的地方，什么东西都弄通了之后，再一走了之，不是既出了气，又有许多收获吗？"

那人听从了朋友的建议，从此工作非常认真。

一年之后，那位朋友偶然遇到他，便问："你现在大概多半都学会了，可以准备拍桌子不干了吧？"他却说："可是，我发现啊，近半年来老板对我刮目相看，最近更是委以重任，又升官，又加薪，我的销售业绩已经在公司数一数二，成为公司的红人了！为什么还要离开呢？"

很多房地产经纪人就是如此，一碰到事情，首先就是抱怨别人，而不去反省自己的不足。

不敢承认自己的不足，在某种意义上是人的本性，但也是一种不成熟的表现。它只能证明你在掩盖自己不能面对现实的懦弱。当然，它还可能给你留下重蹈覆辙的隐患。

现实生活中存在着各种各样的机会，无论你从事什么职业都可能成功。当然，前提是你必须善于反省，承认自己的不足并努力去弥补自己的不足。否则你就可能会失去机会。更可怕的是意识不到自身的问题，总是失去机会。

与其抱怨，不如反省，多想想自己的不足。学会了检讨自己，你就会有更多的收获和更大的提升。

心理学上有一个叫"内归因"的概念，其意思简单解释就是把成功或者失败的原因归结于自己，凡事都在自己身上找原因。与之相对应，如果一个人在事情发生后总是在自身之外找原因，那就是习惯于"外归因"。

美国心理学家经过研究发现，无论哪个领域，成功者有85%都是内归因型的人。

因此，多从自身找原因，抱怨就会少很多，进步也会快很多，心情自然而然就会平和很多。如果一味寻找外归因，对自己的发展是十分不利的。

只有善于从自身找原因的人，才能够解决问题，不断获得进步与提升。

如果想在这个行业中继续下去，充电是决不能缺少的，否则就意味着你会贬值。随着他人素质的提高，你在职业生涯中的能力，基本取决于对新知识的掌握和运用程度，因此，要不断学习新知识，同时要掌握房地产经纪人所必备的技能。

我们必须用一只眼睛盯着我们现在的工作或事业,用另一只眼睛观察这个千变万化的世界,因为当下是速度、变化、危机的时代。只有去学习、改变、创新,才能在千变万化的世界里取胜。

穷人表面上最缺的是金钱,本质上最缺的是野心,脑袋里最缺的是观念,面对机会时最缺的是把握,命运中最缺的是选择,骨子里最缺的是勇气,改变上最缺的是行动,肚子里最缺的是知识,事业上最缺的是坚持,性格中最缺的是胆色。

而这一切的改变,靠的都是学习。学习是个伟大的魔术师,他能让无变成有,让穷人变成富人,让富人变成贵人。这就是学习缔造的神奇。他能让丑小鸭变成白天鹅,他能让癞蛤蟆吃到天鹅肉。

6. 让服务意识渗透到职业血脉之中

从企业的角度上来说,服务意识是指企业全体员工在与一切企业利益相关的人或企业的交往中所体现的为其提供热情、周到、主动的服务的欲望和意识。作为房地产经纪人,让服务意识渗透到职业血脉之中,即自觉主动做好服务工作的一种观念和愿望,它发自房地产经纪人的内心。

服务意识一定是发自内心的,是一种本能和习惯。

西方人认为,服务就是 SERVICE(本意亦是服务),其每个字母都有着丰富的含义。

S-Smile(微笑)	给每一位客户提供微笑服务
E-Excellent(出色)	将每一个服务程序都做得很出色
R-Ready(准备好)	随时准备好为客户服务
V-Viewing(看待)	将每一位客户看作是需要提供优质服务的贵宾
I-Inviting(邀请)	在客户消费时,应该显示出诚意和敬意,邀请客户光临
C-Creating(创造)	想方设法为客户创造出热情的服务氛围
E-Eye(眼光)	始终以热情友好的眼光关注客户,使自己适应客户心理,预测其要求,提供及时有效的服务,从而使客户时刻感受到服务从业人员在关心自己

服务意识有强烈与淡漠之分。对服务的重要意义认识深刻,就会有强烈的服务意识;有强烈展现个人才华、体现人生价值的观念,就会有强烈的服务意识;有以公司为家、热爱集体、无私奉献的风格和精神,就会有强烈的服务意识。

强烈的服务意识,是一种渗透到职业血脉之中的服务意识。

服务意识越强,往往体现在服务上就是更加主动,而服务意识越淡,更多地体现在被动服务上,提供服务更像是完成任务。

在工作当中,一名房地产经纪人的服务意识是体现在行动上的,比如:

在接待当中,始终保持热情;

接待客户的时候,不要自己滔滔不绝地说话,而是通过聆听来了解客户的需求;

在接待客户的时候,个人主观判断不要过于强烈;

做好客户的登记,及时进行回访和跟踪;

经常性地约客户过来看看房,了解楼盘;

提高自己的业务水平,加强房地产相关知识及最新的动态;

学会运用销售技巧;

与客户维系一种良好的关系,多为客户着想;

如果这次没成功,立即约好下次见面的日期;

记住客户的姓名。这样会让客户觉得自己被重视,这样客户反过来也会重视自己。

从上面可以看出,服务意识实际上是房地产经纪人的职责、义务、规范、标准、要求的认识,它要求房地产经纪人时刻保持在客户心中的真诚感,让服务意识渗透到职业血脉之中。

提高房地产经纪人的服务意识,可从以下几个方面做起:

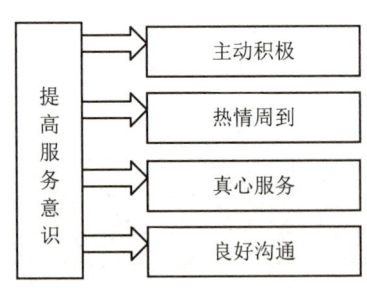

（1）主动积极

松下·幸之助说："服务将决定能否让客户满意。一切都是从服务开始的。"作为房地产销售行业，重视客户都是非常重要的。拥有忠实的客户群，是企业成功的必要因素。而作为房地产经纪人，就更需要重视任何一位客户，认真做好服务工作，主动积极地为客户服务。

（2）热情周到

热情周到要求房地产经纪人待客如亲人，初见如故，面带笑容，态度和蔼。在客户面前，不管服务工作多繁忙，压力多大，都不急不躁地服务好客户，客户能感受到你的热情和积极主动。

（3）真心服务

客户有意见，虚心听取，客户有情绪尽量解释，决不与客户争吵，发生矛盾要严于律己，恭敬谦让。在提供服务时应该让客户感觉到你是真心为他服务的，而不是敷衍塞责，这就要求房地产经纪人在提供服务时态度一定要好，对客户提出的问题要及时耐心地解答。

（4）良好沟通

良好的沟通是为客户提供良好服务的关键。当客户致电投诉或反映问题时，是希望得到重视，得到帮助。要设身处地为客户设想，体会客户的感受。

附：大君导师中介服务点拨

失败者总是用消极、悲观的心态看问题，所以他们的情绪也是消极的，比如忧愁、悲伤、愤怒、抱怨、焦虑、痛苦、恐惧、憎恨等。这种消极的情绪会造成人们行动的迟缓、精神的疲惫、进取心的丧失，严重时会使自我控制力和判断力下降，意识范围变窄，正常行为被瓦解。

成功者则不然，他们在碰到相同或更大的问题时会有积极的反应，会寻求问题好的一面，使结局变得更美好，更成功。

Chapter 2
做最得体的房地产中介服务者，给客户留下良好的职业印象

"黄金7秒法则"告诉我们："你永远无法获得第二次机会，以赢得一个良好的第一印象。"如何给人留下良好的职业印象？

西装笔挺、皮鞋锃亮、不厌其烦地推销……这是房地产经纪人，他们通常给人的印象是"良莠不齐"。人与人之间的第一印象非常重要，如何给人留下良好的职业印象是房地产经纪人培训的第一步，也是最关键的一步。

01. 职业形象
· 仪容、仪表、仪态

02. 交往礼节
· 迎客问候、握手、交换名片
· 办公室、搭乘电梯

03. 沟通礼仪
· 交谈、电话

职业人士应知礼、懂礼并行礼，通过学习，了解礼仪规范，树立正确的礼仪意识，提高礼仪水平；通过学习，学会在这种社交场合中使用正确的方法与人交往，掌握待人处事的技巧；通过学习，改善自身的职业形象，提高职业能力，同时完善职业形象，提高办事效率。

1. 个人形象将直接代表公司形象

公司形象是指客户、社会公众、企业员工对企业及其各种所留下的总体印象及给予的整体评价。公司形象是企业竞争制胜的法宝，良好的公司形象能赢得客户的信任，使客户对企业充满信心。正是客户对企业的信任与好感，激发其购买欲望，导致其连续购买的行为，使其成为企业的忠诚客户。

不仅如此，这些对企业充满信任与好感的客户，会自发地为企业进行宣传，从而不断地给企业带来新的客户。可见，卓越的公司形象，有助于赢得客户，不断地开拓、占领市场。

公司形象的塑造，需要依靠每一位员工从自身做起。因为，员工的一言一行直接影响企业的外在形象，员工的综合素质就是公司形象的一种表现形式。

作为房地产经纪人，个人形象将直接代表中介公司的形象。你的一举手一投足，都影响着企业的形象。在各种工作及社交场合中，一个微小的细节就可以决定你给人的第一印象，机遇和成功偏爱讲究礼仪的人。如何提高自己在别人心目中的地位，如何在客户心中树立可信、稳健、得体的职业风范呢？成功又与礼仪之间存在着怎样的关系呢？

随着社会的发展，形象的包装已不再是明星的"专利"，一个职场人士的形象可能将左右其职业生涯的发展前景，甚至会直接影响到一个人的成败。

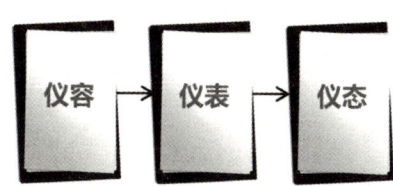

在日常工作中，房地产经纪人需要遵守一些基本的礼仪规范，这就是工作礼仪。也就是说，在一切工作场合，作为一般性守则的工作礼仪，是任何房地产经纪人均应恪守不忒的。

2. 请注意个人的服装及整体面貌

房地产经纪人的穿着打扮，不宜完全自行其是，而应当合乎身份，庄重、朴素、大方。因为服饰直接关系到别人对其的第一印象，并且在一定程度上体现着自身的教养与素质，所以要规范穿着打扮。塑造良好的第一印象，7秒钟的时间对方对你的第一印象，令你的形象价值百万！

房地产经纪人的仪容、仪表、仪态，是给合作伙伴（客户）最直接的名片。

（1）职业形象——仪容

男性房地产经纪人的仪容要求：

头发干净，无头皮屑，无异味，无油腻感，不宜染发；发型整齐利落，不得蓬松凌乱；不得留长发、露额、露耳、露颈。

每天修面，不得有胡须和胡楂，及时修剪鼻毛。

经常修剪指甲，甲长不超过手指指端，甲面干净，内层无污垢；保证四肢及脚部清洁无异味。

女性房地产经纪人的仪容要求：

头发干净，无头皮屑，无异味，无油腻感；短发发型利落，不得蓬松凌乱；长发可束起或盘起，刘海不得过眉；发色自然，不色彩夸张、挑染明显。

化清爽淡妆，眼影和唇色要协调，不得浓妆艳抹，发现脱妆及时补上。

经常修剪指甲，不做夸张修饰，不使用醒目的颜色；腋毛不外现。

（2）职业形象——仪表

整洁、美观、得体是职场人士着装的基本礼仪规范。具体来说，既要与自身的形象相和谐，与出入场所相和谐，又要与着衣色彩相和谐，与穿着搭配相和谐。

男性房地产经纪人的仪表要求：

在岗着装：金色制服，商务白色衬衫，黑色西裤，黑色皮鞋。

除衬衫第一粒纽扣外，其他扣子全部扣齐，衬衫袖口不得卷起，袖口纽扣须扣好；秋冬季节保暖衣不得露出衬衣领口；衬衣束入裤内，注意束装效果，衣袖稍长于西装衣袖 1~1.5 cm，领子高于西装领子 0.5~1 cm。

裤长宜盖住脚背，但也不可过多堆叠，裤袋不宜装太多东西而鼓起。

领带领结要饱满，长度以系好后下端正好触及皮带扣上端最为标准，颜色与衬衫搭配适当。

着深色棉质袜子，不宜着白、红等杂色，也不宜着丝袜或运动袜。

三色原则	全套装束不要超过3种颜色
三一定律	皮带、皮包、皮鞋的颜色保持一致
三大禁忌	正式西装，不可不打领带 西装上的标签必须拆除 穿深色西装不可穿白色袜子

女性房地产经纪人的仪表要求：

在岗着装：金色制服，商务白色衬衫，黑色西裤或套裙，黑色高跟皮鞋。

衬衣束入长裤或套裙内，注意束装效果；着工装裙时裙长为膝上 10 cm；着工装裙时丝袜选择肤色，袜头不得露出裙外，袜体无破损无走丝，不得有网格或印花。

以浅口包头皮鞋为宜，不得露出脚趾，鞋跟以 3~5 cm 为宜，禁止穿露趾、绑带、坡跟、松糕等夸张款式，皮鞋保持干净，鞋面光亮。

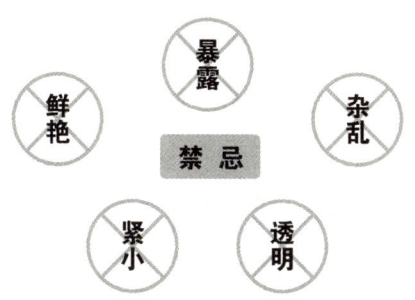

配饰：美观、大方、精致、内敛，不要过于张扬，画龙点睛即可，香水"若有似无"。

(3) 行为举止——仪态

房地产经纪人优雅得体的举止，主要体现在站、行、坐、微笑、蹲等仪态上。

第一，房地产经纪人的标准站姿

头正：抬头，头顶平，双目向前平视，嘴唇微闭，下颌微收，面带微笑。

肩平：双肩放松，稍向下沉，身体有向上的感觉，呼吸自然。

臂垂：双臂放松，自然下垂于体侧，或交叉轻握放于小腹。

躯挺：躯干挺直，收腹，挺胸，立腰。

腿并：女性双腿并拢立直，两脚跟靠紧，脚尖呈"V"字分开60度；男性站立时，双脚可分开，但不能超过肩宽。

第二，房地产经纪人的标准行姿

直行、匀速、无声、头正、平视、腰直、收颌，表情自然。

房地产经纪人不良姿态：低头驼背、摇晃肩膀、扭腰摆臀、左顾右盼。

第三，房地产经纪人的坐姿

女士坐姿：

入座轻稳，若是裙装，应用手将裙摆稍稍拢一下，不要坐下后再站起来整理衣服。

双肩平正放松，两臂自然弯曲放在膝上，也可放在椅子或沙发扶手上。

立腰、挺胸、上体自然挺直。

双膝自然并拢，双腿正放或侧放。

至少坐满椅子的 2/3，脊背轻靠椅背。

起立时，右脚向后收半步而后起立。

男士坐姿：

双腿并拢，上身挺直坐正，两脚略向前伸，两手分别放在双膝上。

职业男士两种常见的坐姿：

正位坐姿

叠腿式坐姿

第四，房地产经纪人的蹲姿

职业女士的蹲姿：

　　一脚在前，一脚在后；两腿向下蹲，前脚脚掌全部着地，后脚脚跟提起；女性应靠拢双腿，男性则可适度地将双腿分开；上身保持直立，臀部向下；捡拾东西时先下蹲再捡拾。

职业男士的蹲姿：

第五，房地产经纪人的微笑

国际标准微笑：别人在离你三米的时候就可以看到你标准迷人的微笑。面容祥和，嘴角微微上翘，露出上齿的八到六颗牙齿。注意要保持牙齿的清洁。

不提倡只有标准化的微笑，面对不同的沟通对象，应使用不同含义的微笑，微笑要恰到好处。

怎样来练习呢？

如下图所示：

微笑是世界通用的语言，任何人面对善意的微笑，都能感受到他人传递过来的友好信息。见面时向对方颔首点头、真诚微笑是一种愿意接纳对方的表现，容易拉近彼此的距离。微笑能给人安定的感觉，让人产生亲切、温馨的感觉，所以，千万不要吝惜你的微笑。

作为房地产经纪人，要具备职业化的微笑，它可以打开别人的心扉，令人如沐春风。要相信微笑的力量。微笑往往会给人乐观向上、自信的印象，容易让人产生信任感。因此在微笑之前，你需要相信微笑有一种感染人的积极力量，富有自信的微笑更能打动人。

据说，美国旅馆业巨头，人称"旅店帝王"的希尔顿尚且默默无闻的时候，他的母亲就告诉他，必须找到一种简单容易、不花本钱但行之有效的办法去吸引客户才能成功。希尔顿最后找到了这个办法，那就是微笑。依靠"今天你微笑了吗"的座右铭，他成为世界上最富有的人之一。

3. 与客户交往的基本礼仪

会面通常发生在较为正式的场合。房地产经纪人在日常工作中,往往需要会见各式各样的客户。与客户交往,既要对对方热情、友好,又要讲究基本的会面礼节。

从某种意义上来说,假如不讲究基本的会面礼节,那么房地产经纪人对会见对象的热情友好往往便难以得到体现。

与客户交往的基本礼仪,包括以下五个方面:

(1) 迎客问候

房地产经纪人在接待客户来访时,要坚持互相尊重、平等相待、礼待客户、主随客便的原则。

人的身体是一个整体,这个整体的节奏是一样的。当你一做手势,马上带动气息、血液、肌肉、声音,它们朝着一个节奏和谐运动。

手有什么样的感情,口就有什么样的感情!

手有什么样的节奏,口就有什么样的节奏!

同一个人,同一段有形象的文字,不加动作就会呆若木鸡,加了动作,就会绘声绘色，活灵活现，非常神奇。每一个手势是一个指挥棒，手一动，大脑的形象就可以随时调出来；手不动，大脑的形象就不会出来。

(2) 交往礼节——握手

握手是全球最通用的一种礼节，房地产经纪人在握手时应本着"礼貌待人，自然得体"的原则并灵活地掌握与运用握手的时机和技巧以显示自己的修养和对他人的尊重。

第一，握手的时间和方式。

时　间　3~5秒

方　式　手心向上？向下？垂直？

> 握手时，距对方约一步远，上身稍向前倾，两足立正，伸出右手，四指并拢，虎口相交，拇指张开下滑，向受礼者握手除了关系亲近的人可以长久地把手握在一起外，一般握两三下就行。不要太用力，但漫不经心地用手指尖"蜻蜓点水"式去点一下也是无礼的。

手位：手位在此特指手的伸法。标准做法是手尖稍稍向侧下方伸出，手掌垂直于地面，拇指后面4个指并拢，拇指适当地张开。不可取的做法是掌心向下，似乎处于高人一等的地位。若掌心向上，在一般情况下，这表示谦恭，但是那样伸出手去不好看。

神态：与来宾握手时，房地产经纪人应当神态专注、认真、友好。在正常情况下，握手时应目视对方双眼，面含笑容，并且同时问候对方。

姿势：与人握手时，一般均应起身站立，迎向对方，在距其约1米时伸出右手，握住对方的右手手掌，稍许上下晃动一两下，并且令其垂直于地面。

力度：一般而论，握手时，我们都是用一只手去握对方的另一只手，是手掌握着对方的手掌，而不是握着别人手腕，握手的最佳做法是稍微用力。职业外交官的握手，一般强调握力在两千克左右最佳，就是要稍微使点劲，以表示热情友善。

时间：握手的时间长短是很重要的。一般的握手时间在3～5秒，当表示鼓励、慰问和热情时，握手的时间可以稍微延长，但是绝对不要超过30秒钟。

第二，伸手的先后。

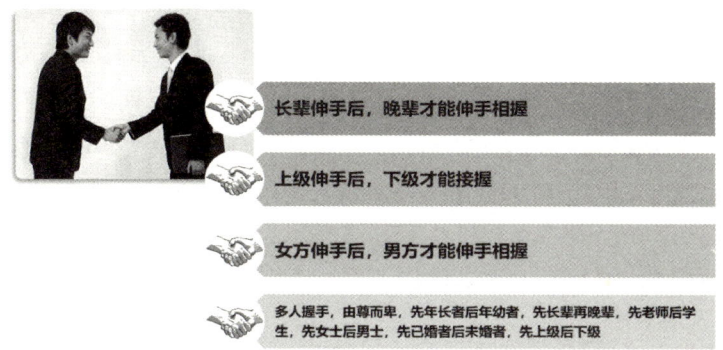

在接待来访者时，这一问题变得特殊一些：当客户抵达时，应由主人首先伸出手来与客户相握。而在客户告辞时，应由客户首先伸出手来与主人相握。前者是表示"欢迎"，后者则表示"再见"。这一次序颠倒，很容易让人发生误解。

第三，握手的禁忌。

最重要的禁忌是心不在焉，不看着对方，甚至是与旁边的人聊天，心不在焉的握手还不如不握。不要在握手时另外一只手插在衣袋里或拿着东西。不要在握手时不置一词或长篇大论。握手时不要点头哈腰，过分客套。不要在握手时把对方的手拉过来、推过去，或者上下左右抖个没完。

禁忌用左手相握。跟西方人握手时，在英语文化中，右是上位，是好的位置；而左是下位，是不好的位置。尤其是和阿拉伯人、印度人打交道时要牢记。另外，在和基督信徒交往时，要避免两人握手时与另外两人相握的手形成交叉状。

禁忌在握手时戴着手套或墨镜，只有女士在社交场合戴着薄纱手套握手，才是被允许的。

禁忌在握手时另外一只手插在衣袋里或拿着东西，握手后不要立即揩拭自己的手掌。

（3）交换名片

名片是一个人尊严、价值的外在表现形式，是一个人身份、地位的象征，也是获得社会认同、理解与尊重的一种方式。

在名片的正面一般印有公司名称、头衔、联络电话、地址等，有的还印有个人照片。通过交换名片可使对方认识你，可以说，名片是另一种形式的身份证。

当然，房地产经纪人使用的名片，除了具有个人意义外，还是他们公司形象的一个缩影。现在，越来越多的企业对员工使用名片十分考究，使它尽量具有特色和魅力。

交换名片的时候应该注意哪些礼仪问题，才能给别人留下更好的第一印象，反映出一个人的修养呢？

准备工作：将自己的名片整齐地放在名片夹、盒或口袋中，要放在易于掏出的口袋或皮包里。不要把自己的名片和他人的名片或其他杂物混在一起，以免用时手忙脚乱或掏错名片。出席重大的社交活动，一定要记住带名片。

递送名片：名片要在交往双方均有结识对方并欲建立联系的意愿下递送。这种愿望会通过"幸会""很高兴认识你"等一类谦语及表情、手势等非语言信号表现出来。递送名片要把握时机，这样才会令名片发挥功效。递送名片一般应选择初识之际或分别之时，不宜过早或过迟。不要在用餐、唱歌或跳舞之时递送名片，也不要在大庭广众之下向多位陌生人递送名片。对于递交名片这一过程，应当表现得郑重其事。要起身站立主动走向对方，面含微笑，上体前倾15°左右，以双手或右手持握名片，举至胸前，并将名片的正面面对对方，同时说声"请多多指教"或"欢迎来访"等礼节性用语。切勿以左手持握名片。

接受名片：接受名片时，若只是随手接过名片并随意放置，那是很失礼的行为。接受他人名片时，无论有多忙，都要暂停手中的事情，并起身站立相迎，面含微笑，双手接过名片。也可以用右手，但切不可使用左手。在接过名片以后，先向对方致谢，然后将其名片从头至尾默读一遍，遇有显示对方荣耀的职务、头衔时不妨轻声读出来，以示尊重和敬佩。若对方名片上的内容有所不明，可当场请教对方。如果交换名片后需要坐下来交谈，此时应将名片放在桌子上最显眼的位置，十几分钟后自然地放进名片夹，切忌用别的物品压住名片和在名片上做谈话笔记,离开时勿漏带。接到他人名片后,切勿将其随意乱丢乱放、乱揉乱折,而应将其谨慎地置于名片夹、公文包、办公桌或上衣口袋之内,且应与本人名片区别放置。

(4)办公礼仪

房地产经纪人常用办公礼仪如下:

(5)搭乘电梯

乘坐电梯是常有的事,如果是一个人乘坐电梯倒也没什么太大的讲究,如果是房地产经纪人在迎送客户或者和众人一起乘坐电梯,那就有所讲究了。

第一，乘坐厢式电梯。

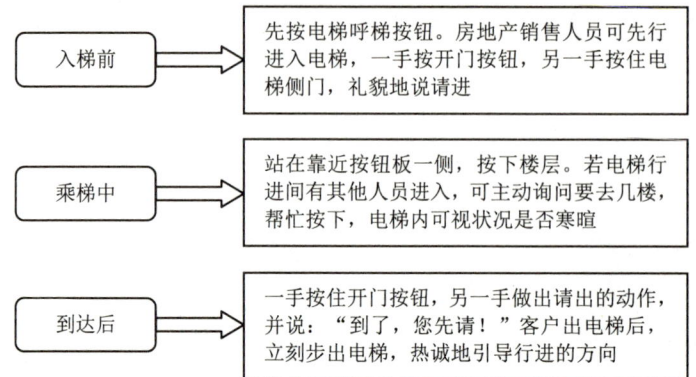

入梯前	先按电梯呼梯按钮。房地产销售人员可先行进入电梯，一手按开门按钮，另一手按住电梯侧门，礼貌地说请进
乘梯中	站在靠近按钮板一侧，按下楼层。若电梯行进间有其他人员进入，可主动询问要去几楼，帮忙按下，电梯内可视状况是否寒暄
到达后	一手按住开门按钮，另一手做出请出的动作，并说："到了，您先请！"客户出电梯后，立刻步出电梯，热诚地引导行进的方向

第二，乘坐扶手电梯。

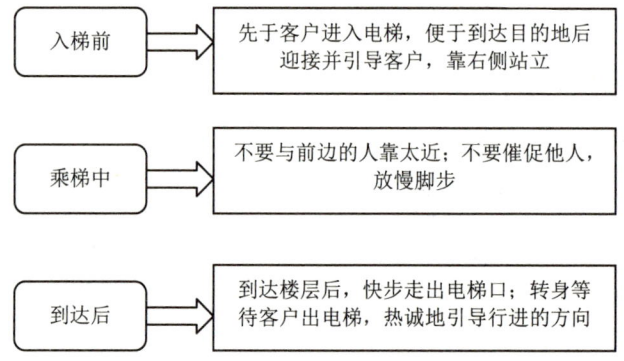

入梯前	先于客户进入电梯，便于到达目的地后迎接并引导客户，靠右侧站立
乘梯中	不要与前边的人靠太近；不要催促他人，放慢脚步
到达后	到达楼层后，快步走出电梯口；转身等待客户出电梯，热诚地引导行进的方向

进出电梯时，一般是长者、尊者、女士优先。

因电梯空间很小，所以讲话时最好不要有过大的手上动作，以免打到别人身上。尤其是在和上级或客户乘坐电梯时，更要注意举止。

乘坐电梯时，一般是面门而立，在陪同客户时，可适当侧向客户，说几句客套话，切忌沉默寡言。当电梯即将关门时，不要扒门，或是强行挤入。如果乘坐电梯的人过多，有超载的危险，最好是耐心等待下一趟，特别是陪同客户时，更要为客户的安全着想。

电梯内不要吸烟、大声喧哗，不要扔垃圾、吐痰。

电梯发生突发情况时，需要保持镇定，并且安慰困在一起的人不要惊慌。利用警钟、对讲机或手机向电梯技工或者消防员求援，还可以拍门叫喊。千万不要尝试强行推开电梯内门，即使能打开，也未必够得着外门，这样反而可能将手夹住。

电梯天花板若有紧急出口，也不要爬出去。出口板一旦打开，安全开关就使电梯刹住不动。但如果出口板意外关上，电梯就可能突然开动令人失去平衡。在漆黑的电梯槽里，可能被电梯的缆索绊倒，或因踩到油垢而滑倒，从而从电梯顶上摔下去。

电梯如果发生了下坠，要减少对身体的伤害可以从以下几个方面来做：无论有几层楼，把每一层楼的按键都按下；如果电梯内有手把，用一只手紧握手把。背部跟头部紧贴电梯内墙，膝盖呈弯曲姿势。

商务礼仪是人际交往的艺术，教养体现细节，细节展现素质，愿以上社交礼仪知识能帮助你提高自身修养，提升销售业绩。

4. 掌握与客户沟通的技巧

掌握与客户沟通的技巧，主要从以下三个方面入手：

（1）沟通技巧——自我介绍

房地产经纪人在工作中，经常遇到陌生客户，这时就需要把自己介绍给对方。成功的介绍能够增进了解，促进交流，为接下来的销售工作奠定良好的基础。

自我介绍时，应该包括以下要素：姓名、职务、单位籍贯、兴趣爱好、特长、经历、自我评价等。通过自我介绍，让对方对自己有个初步的了解，目的是将话题引向深入。

自我介绍的时间不宜过长，最好控制在一分钟之内。语言要简练，将有效信息在短时间内传达给对方。自我介绍时，要落落大大、不亢不卑。自我评价时，不要妄自菲薄，也不要狂妄自大。实事求是地对自己有个评价。

在做自我介绍时，面向对方，并微笑注视。

工作式介绍："你好，我叫×××，我在×××门店，任×××职位。很高兴能帮助你。"

社交场合，男士被介绍给女士，男士应向女士点头致意，然后等候女士的反应。被介绍的过程中，应起身站立，同样应面向对方，并微笑注视，热情应答、问候。介绍别人时，注意突出双方的身份、职务。大家年龄相仿、身份类似时，则按一定次序介绍即可。

(2) 沟通技巧——交谈

房地产经纪人交谈礼仪如下：

交谈礼仪	尊重对方。了解对方讲话习惯、文化程度、生活阅历等因素，便于赢得对方感情上的接近
	及时肯定对方。谈判过程中，当双方出现观点类似或一致的情况，应迅速抓住时机，表达肯定
	态度和气，语言得体。手势不要过多，谈话距离适当
	注意语速、语调和音量。语速注意平稳，在特定场合下可以通过改变语速引起对方注意，加强表达效果

在谈话时，两个人距离不要太近，如果你侵入了对方舒适的区域，对方会感觉紧张，说话走神，开始想着怎么拉大你们之间的距离。

在与对方交谈时，不要跑题，要根据对方的问题，重点地回答，而不要把话题引到九霄云外去。在谈话时，一旦发现跑题，就要重新把话题的重点转移到提问的问题上。

再有，在谈话时，要有目光接触，如果一个人在谈话时，目光闪烁，不敢正眼看你，你还敢相信这个人吗？

(3) 沟通技巧——电话

接、打电话，发短信是房地产经纪人与客户沟通的重要手段。

接打电话时，语气一定要亲切友好，让对方感受到你的礼貌。因为你不仅是代表个人，更代表了公司的形象。接打电话时，吐字要清晰，语速不宜太快或太慢。通话过程中不要吸烟、喝茶、吃零食。

听到电话铃声，应准确迅速地拿起听筒，最好在三声之内接听。若长时间无人接电话，或让对方久等是很不礼貌的。

Chapter 2 做最得体的房地产中介服务者，给客户留下良好的职业印象

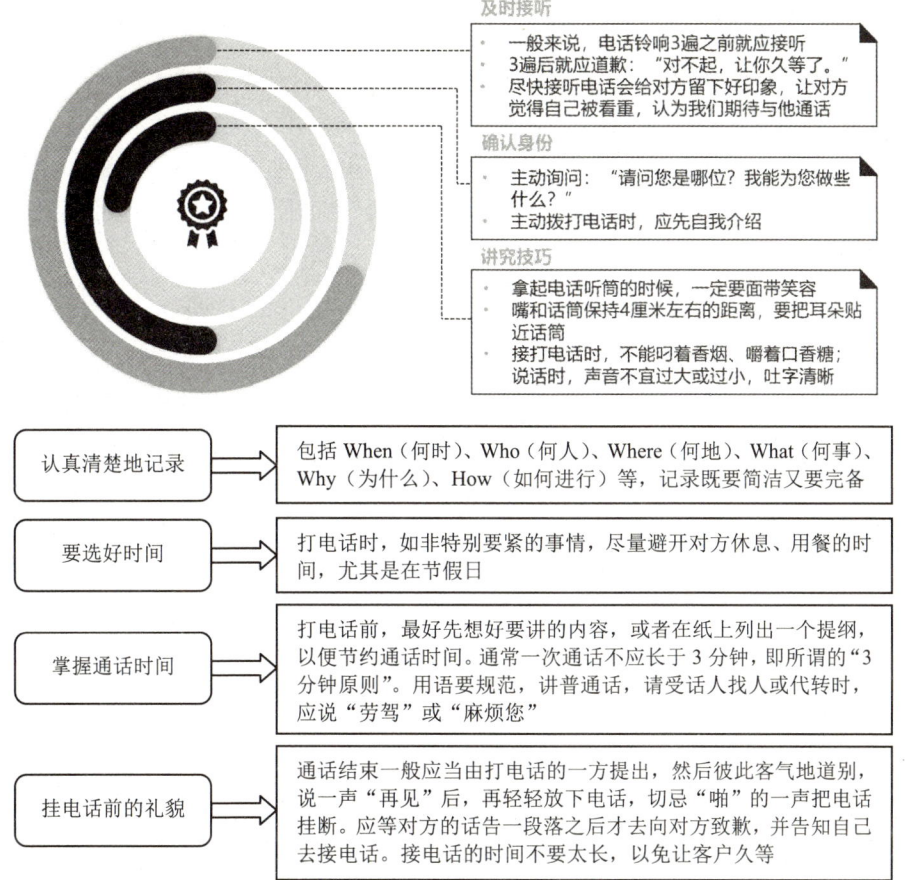

及时接听
- 一般来说，电话铃响3遍之前就应接听，3遍后就应道歉："对不起，让你久等了。"
- 尽快接听电话会给对方留下好印象，让对方觉得自己被看重，认为我们期待与他通话

确认身份
- 主动询问："请问您是哪位？我能为您做些什么？"
- 主动拨打电话时，应先自我介绍

讲究技巧
- 拿起电话听筒的时候，一定要面带笑容
- 嘴和话筒保持4厘米左右的距离，要把耳朵贴近话筒
- 接打电话时，不能叼着香烟、嚼着口香糖；说话时，声音不宜过大或过小，吐字清晰

认真清楚地记录	→	包括When（何时）、Who（何人）、Where（何地）、What（何事）、Why（为什么）、How（如何进行）等，记录既要简洁又要完备
要选好时间	→	打电话时，如非特别要紧的事情，尽量避开对方休息、用餐的时间，尤其是在节假日
掌握通话时间	→	打电话前，最好先想好要讲的内容，或者在纸上列出一个提纲，以便节约通话时间。通常一次通话不应长于3分钟，即所谓的"3分钟原则"。用语要规范，讲普通话，请受话人找人或代转时，应说"劳驾"或"麻烦您"
挂电话前的礼貌	→	通话结束一般应当由打电话的一方提出，然后彼此客气地道别，说一声"再见"后，再轻轻放下电话，切忌"啪"的一声把电话挂断。应等对方的话告一段落之后才去向对方致歉，并告知自己去接电话。接电话的时间不要太长，以免让客户久等

不要以为接电话没有什么，其实里面的学问很大。

接电话，有时就像看待人生，要有宁静、平和的心态。记住，等电话铃响过两声后，再接。把你的急躁先瞬间平息，对方正在期待你拿起电话的最好状态。在接听电话时，要记住，"我代表公司形象"的意识。说话声音清楚、亲切、优美。

通话时，听筒一头应放在耳朵上，话筒一头置于唇下约五厘米处，中途若需与他人交谈，就用另一手捂住话筒。必要时做好记录，通话要点要问清，然后向对方复述一遍。对方挂断之后，方为通话完毕。任何时候不得用力掷听筒。

在企业内部不得打私人电话，传私人电话，家有急事来电，应转到部门办公室，并从速结束通话。他人接听，只代为记录。

必须在 24 小时内，回复所有的来电，不回复电话，可能意味着你将失去一次交易的机会。

接听电话时的言谈规定：声调要自然、清晰、柔和、亲切，不要装腔作势，声量不要过高，亦不要过低，以免对方听不清楚。不准讲粗言，使用蔑视和侮辱性的语言。不开玩笑。多用敬语，注意"请""谢谢"字不离口。任何时候不准讲"喂"。

避免你的不良习惯，比如清嗓子、说口头禅、喜欢东拉西扯的坏毛病。不允许以"喂、喂"或者"你找谁呀"作为"见面礼"。特别不允许上来就毫不客气地调查对方的"户口"，一个劲地问："你是谁？""你找谁？""你有什么事情吗？"等。

5. 做一个善于倾听的人

善于倾听，给人留下有礼貌、尊重人、容易相处的良好印象。倾听也是实现准确表达的前提和基础。倾听是指听话者以积极的态度，认真、专注地听取讲话者的表达。

倾听是房地产经纪人必须具备的一种修养。

倾听的好处包括四个方面：

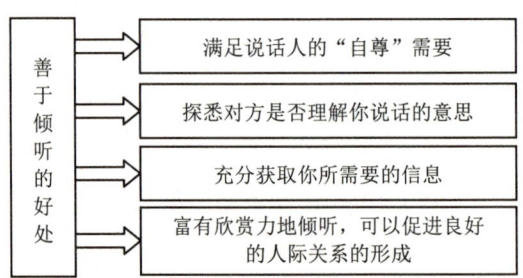

这里所说的倾听，不仅仅是用耳朵去听，而是要用心理解对方所说的每一句话，判断对方说话背后的动机。倾听要做到"眼到、耳到、心到、脑到"。

倾听的方式不同，收到的效果不同。如果你在漫不经心地听，心不在焉、左顾右盼，时而做这，又时而做那。这不仅伤害对方自尊，还会让对方不愿意再讲下去。

如果你是在批判式地听,虽然听得很认真,但是先入为主,喜欢挑剔对方所讲的内容,频频插话,容易引起争论,使得对方说话小心翼翼,不敢吐露真情。

正确的倾听方式是,站在对方的立场上去听,能够设身处地地理解对方的原意,容易形成和谐的气氛。在倾听时插话显得尤为重要。

房地产经纪人学会以下三种倾听方式,能让你成为善于倾听的人。

第一,"迎合式"倾听。对对方所讲的话,采取迎合的态度,实时地对方的话表示理解,可以简短地插话。这样容易消除对方的对抗心理,让对方放松警惕,滔滔不绝地向你吐露他的意见和想法。

当然,我们对他的话表示理解,并不代表我们赞同他说的。当对方明白这点时,已经来不及了。

第二,"诱导式"倾听。在谈话时,适当地提出一些问题,诱导对方说出他的想法。对方可能在不知不觉中,说出了他原不该说的话。当然等他明白过来,已经晚了。

第三,"劝导式"倾听。当对方说话偏离了主题,不知不觉把话题转移了时,你要使用恰当的语言,把话题引导到主题上来,说话要自然、委婉,不要让对方反感。如果对方认为你打断了他的话,那就得不偿失了。

无论是采取哪种倾听方式,在倾听的过程中,要注意插话。交谈中不应当随便打断别人的话,要尽量让对方把话说完再发表自己的看法。如确实想要插话,应向对方打招呼:"对不起,我插一句行吗?"但所插之言不可冗长,一两句点到即可。

插话时,态度要认真。如果你在插话时,表现得漫不经心或者说些与对方所讲的无关的话题,都是非常错误的。

6. 应对客户的拒绝和处理

大家都说,从事销售工作非常锻炼人,可是在销售界,只有20%赚钱,而80%是不赚钱的,也就是说只有20%的销售是合格的。销售工作要直接面对客户,遭到客户的反驳,拒绝你的推销更是家常便饭,如果客户说"NO"就认为销售结束了,你永远不可能做那20%。

其实，销售工作是从被客户拒绝开始的，做好销售工作，重要的不是你会不会被拒绝，而是如何应对客户的反驳。很多房地产销售新人，在面对客户说"NO"的时候，觉得它像一道无法逾越的屏障，对它一筹莫展，心生挫折与恐惧。

不要把客户的拒绝看成争辩或挑衅，真正的原因可能是他希望你提供更多的资料，或者他无法做决定。一般来说，销售人员可以把客户的拒绝当成自己成长的阶梯。

作为一名房地产经纪人，在向客户推荐你的房产项目时，会面对各种各样的拒绝，如：

"对不起，我没空。"

"我需要考虑一下。"

"老实说，我们的预算已经花光了！"

"我想再多比较两家开发商的房子。"

"我想买，但价钱太贵了。"

"我对现在住的房子很满意，不打算改善了。"

"我的家人反对我买房。"

客户的拒绝等于什么？

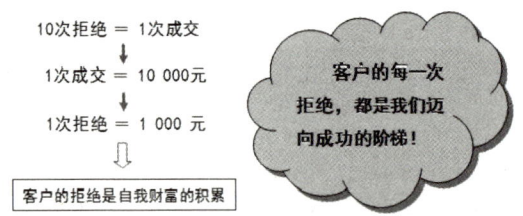

房地产经纪人在面对客户一次又一次的拒绝时，如果没有顽强的斗志和必胜的信念，免不了会产生"我实在受不了这份工作啦！我再也不想干了！"的逃避思想，这就是心中看不见的敌人之一。许多销售人员之所以无法取得成功，就是因为他们无法战胜这个敌人。

要想战胜这个看不见的敌人，除了销售人员自己给自己鼓气外，别无良策。销售人员要想获得成功，就要不因艰苦、挫折而屈服。选定好目标，一心一意努力奋斗。

客户说"NO"的时候,并非销售的结束。恰恰相反,销售是从被拒绝开始的,销售的过程本就是一个"异议→同意→异议→同意"的循环过程,每一次交易都是一次同意的达成,而合作必然会带来新的问题和额外的要求。

调查显示,提出异议的客户销售成功率远远大于没有提出异议的客户。一个伟大的销售人员,必定是在被拒绝中成长起来的。你想成为真正的赢家,就必须学会接受和克服拒绝。

克服拒绝的诀窍,就是要以同理心处理客户的困难,让你的潜在客户明白,你很重视他的感觉,将每个拒绝都看成是一次挑战。

一般来说,处理客户拒绝、解决客户异议的难题,具体的做法如下:

(1) 鼓励客户说出自己的异议

房地产经纪人要学会站在客户的角度考虑问题,设身处地体会客户的感受,并对客户异议给以恰当的表扬和鼓励,如"你的意见很好"或"你的观察力非常敏锐"从而缓解客户的敌意和抗拒情绪,感染对方把对抗转化为乐意与你一起解决问题。

(2) 仔细聆听客户异议的内容

客户提出异议时,要面带微笑,认真倾听。即使客户的异议有不实之词,也不要气急败坏与客户争辩,而要对他的异议进行正确的引导,使他们逐渐接受正确的观点和建议,与客户争辩,失败的永远是销售人员。

(3) 听完客户的异议,要重复一下他的异议,以确认他的抗拒点

重述客户的异议,既是对客户的尊重,又可以明确所要讨论的问题。我们可以这样说:"如果我们没理解错的话,您的意思是……"这种讨论方式有利于与客户进行下一步的交流,也便于客户接受我们的观点。

(4) 辨别异议的真伪,并发现客户真正的疑虑所在

房地产经纪人要和客户确认这是不是他唯一的问题?除了这个问题还有没有其他的问题?把客户所有的异议挖出来。

(5) 谨慎回答,巧妙应对

房地产经纪人在掌握了客户的异议后,就可以解答对方的异议。你的态度

要坦诚,措辞要恰当、和缓,答案要尽量具体,说话要留余地,不能信口开河,随意给客户无法实现的承诺。

如果异议是误解,就向对方澄清和解释。如果异议是怀疑,就用实例、其他客户的推荐语、示例和确切证据,证明自己的产品或服务有效。以完全合理的解释或实际行动来解除这个异议和抗拒点。

此外,还需要指出的是,在处理客户异议时尤其要注意以下两点:

①不要直接指出对方的错误。"你错了",全世界没有一个人喜欢听这句话,如果你弄得客户没面子,客户一定弄得你没里子。销售人员要尊重客户的意见,客户的意见无论是对错、深刻还是幼稚,销售人员都不能表现出轻视的样子。

②避免发生争吵。与客户争辩输了,你输了争辩,也输了交易;与客户争辩赢了,赢了争辩,输了交易。输赢都是输,最好不争吵。销售人员要面带微笑,双眼正视客户,表现出全神贯注欣赏的样子,给客户足够的面子,让客户有被尊重的感觉。

房地产经纪人不要把异议视为销售的阻力,要将其看作继续完成交易的指示灯,为客户解答难题、解决问题,从而实现交易。

附:大君导师中介服务点拨

在日常工作中,语言是人们交流思想的工具。房地产经纪人在日常工作中,能不能使用得体的语言,反映的不仅是员工的个人素质,还是企业管理水平的体现。

有的人穿着漂亮、整整齐齐,有的人不爱打扮、穿着普普通通,有的人西服革履、文质彬彬,然而,不管怎么打扮,只要一听其言谈话语,就知道他是一个怎样的人,这就是语言的魅力。

作为房地产经纪人,即使穿着漂亮的工作服,如果说起话来不讲究艺术,很粗鲁,甚至带脏字,马上就会让人感觉这人没有教养。准确、优美的语言,不仅给对方以好感,自己也会从心里感到真正的美。相反如果一位房地产经纪人不会说话,你一出口就会得罪客户,更别说达成交易了。

第二篇

提升终端人员销售技能，用服务引爆业绩

Chapter 3

练就过硬基本功，房地产经纪人应学习的基础知识及法律法规

一个优秀的房地产经纪人首先应该成为一个房地产行业的专家，必须接受过系统、专业化、严格的训练。大到房地产基础知识，小到举手投足，每一个细节都要注意，这是成为一名优秀房地产经纪人必备的基本技能。

对优秀销售人员来说，销售没有借口。做销售如同逆水行舟不进则退，这需要力量，但更需要技巧和智慧。要学会在逆境中思考，要学会在前进中总结，更要在不断学习法律法规过程中提升自己能力。

1. 房地产的基本概念

房地产又称不动产，房地产的概念有狭义和广义之分：

狭义的房地产是指土地和土地上永久性建筑物及其衍生的权利；

广义的房地产指除上述内容外，还包括诸如水、矿藏和森林等自然资源。我们主要研究狭义的房地产，而且主要是研究城市房地产。

房地产兼有房产和地产的特性，是房屋、土地和附着于其上的各种权益（权利）的总和。房产指房屋等建筑物和构筑物；地产指开发、使用、经营的土地不动产：不能移动或者移动后会严重减损其经济价值的物质，包括土地及地上定着物。

（1）房地产的特点

房地产业作为一项独特的产业，与其他工业产品有着明显的区别，且有着自身的特点：

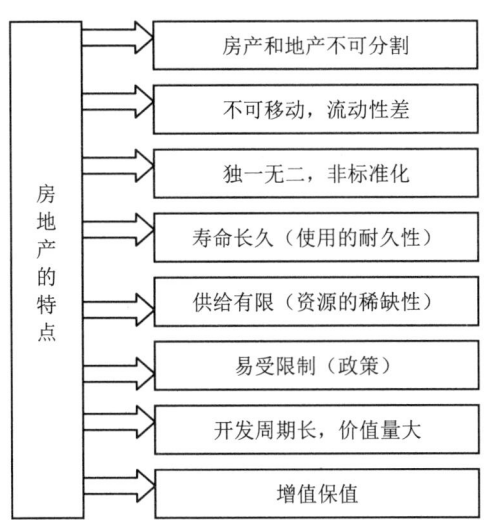

房地产的特点中，由于位置的固定性和不可移动性，在经济学上又被称为"不动产"。

房地产可以有三种形态：土地、建筑物、房地合一，这可以从房地产拍卖中看出。其拍卖标的有三种形态的存在，即土地（或土地使用权）、建筑物和房地合一状态下的物质实体及其权益。

人们从已经出台的房地产调控手段不难看出，中央政府对房地产调控采取了步步为营、多招密集连发的策略，说明中央政府对房地产调控的态度是明确且有决心的。

从一定意义上来讲，银行收紧房贷对抑制房价过快上涨会起到积极作用，进行利率优惠政策调整有利于合理引导住房消费，抑制投资、投机性购房需求。购买房地产是一种重要的投资方式。

（2）房地产业与建筑业的区别和联系

房地产业：从事房地产开发、经营、管理及维修、装饰、服务等多种经济活动的具有高附加值的综合性产业。

建筑业：从事勘察、设计、施工、安装、维修等生产过程，它的生产结果是建筑物或构筑物。

房地产业与建筑业的区别如下：

房地产业	建筑业
房地产的产品既体现物质属性又体现法律属性，其落脚点在房地产权属	建筑业的产品是建筑物，具有物质属性
房地产业兼有生产、经营、管理和服务等多种性质，属于第三产业	建筑业是物质生产部门，属于第二产业

房地产业与建筑业的联系：除特殊领域的建筑产品外，它们的业务对象都是房地产。在房地产开发活动中，房地产业和建筑业是合作双方。

（3）土地所有权的概念与划分

土地所有权：指土地所有者在法律规定的范围内，对其拥有的土地享有占有、使用、收益和处分的权利。土地所有权可分为：国有所有和集体所有两类。

土地使用权：指国家机关、企事业单位、农民集体和公民个人，以及三资企业，凡具备法定条件者，依照法定程序或依约定对国有土地或农民集体土地所享有的占有、利用、收益和有限处分的权利。

土地使用权是外延比较大的概念，这里的土地包括农用地、建设用地、未利用地的使用权。土地使用权是中国土地使用制度在法律上的体现，国有土地使用权是指国有土地的使用人依法利用土地并取得收益的权利，国有土地使用权的取得方式有划拨、出让、出租、入股等。而农民集体土地使用权是指农民集体土地的使用人依法利用土地并取得收益的权利。

土地使用权出让：是指县级以上人民政府以拍卖、招标、协议的方式，将国有土地使用权在一定年限内让与土地使用者使用，土地使用者向市政府支付土地使用权出让金的行为。

土地使用权划拨：指县级以上人民政府依法批准，在土地使用者缴纳补偿、安置等费用后，将该土地交付其使用，或者将土地使用权无偿交付给土地使用者使用的行为。

(4)"土地使用权"与"房屋产权"的区别

"土地使用权"与"房屋产权"是两个不同的概念，房屋产权是所有权，土地使用权是国家出让的。业主所有的住宅除了拥有房屋的所有权外，还拥有该房屋的国土土地使用权。

也就是说，如果房屋产权到期，房子还在的话，房子依旧是你的，只是要补交土地税。

住宅的使用权限是 70 年，从该地取得日算起。

不能把土地产权 70 年和使用权 70 年混为一谈，也不能把"房屋的所有权"和"土地的使用权"混为一谈，正确的说法是"土地的使用权一般为 70 年"。

土地使用权和房屋所有权的区别在于：房屋所有权（即房产权）是永久的，没有期限限制，只要房产没有完全毁损灭失就能一直享有；土地使用权是有期限的。国家通过土地有期出让方式，授予用地人 40 年、50 年、70 年不等的使用权。

土地使用权到期，而房产还未到报废的年限，这时收回土地使用权则要给予地上建筑物所有人相应补偿；如果不收回，地上建筑物所有权人可以在届满前一年向国家申请续期，并重新缴纳土地出让金。

2. 房地产市场的分类及特征

房地产市场的概念也有狭义和广义之分。

狭义概念：房地产商品进行交易活动的地方或场所。

广义概念：包括土地的出让、转让、抵押、开发，房地产买卖、租赁、转让、互换、抵押以及一些与房地产有关的开发、建筑、修缮、装饰等劳务活动。

当前房地产市场的特点是：存量房进入黄金时代，存量商品房规模足够大；房屋自有率高，人口流动促使住房转换需求。

所谓存量房，就是二手房，是指业主自建或者已被购买或并取得所有权证书的房屋。而增量房是指房地产开发商投资新建造的商品房。

行业的变迁，健康的行业生态必定从资源比拼转向服务竞争。

房地产市场的分类如下：

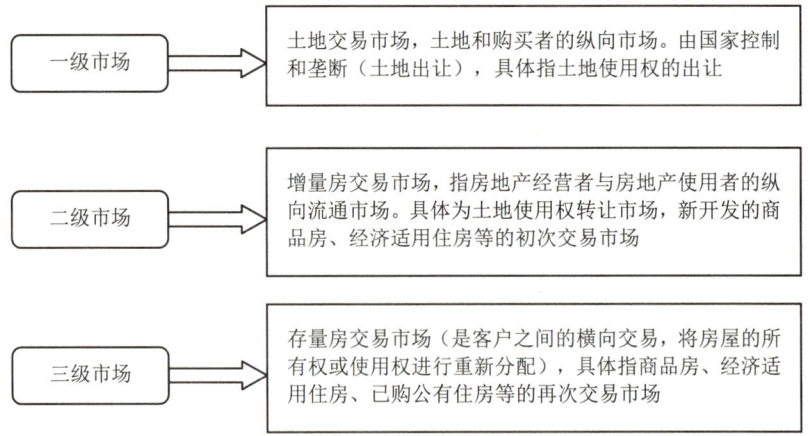

影响房地产消费的因素，包括：经济社会发展及城市化的水平，城市人口增长及生活水平，房地产价格水平，国家政策，客户对经济发展形势的预测。

房地产市场特点：房地产权益（房屋所有权/土地使用权）转移；交易的对象非标准化，产品差异化的市场；不同地区各具特色，是一个地区性市场；容易出现垄断和投机；较多地受法律、法规、政策的影响和限制；一般人非经常参与；交易金额较大，依赖金融机构的支持和配合；交易程序较复杂；广泛需要房地产经纪人提供服务。

3. 房地产的类型

我们在购买房产时，总会听到高层、小高层、联排、别墅、花园洋房等名词。那么这些物业都是什么样的呢？他们又是怎么分类的？

常见的房地产类型分类如下：

按房地产用途划分	居住型
	商业型
	旅游型
	工业型
	农业型
房地产土地的使用年限	居住用地70年
	商业、旅游、娱乐用地40年
	工业、教育、文化、体育、其他用地50年
房地产住宅的高度划分	低层（1~3层）
	多层（4~7层）
	小高层（7~10层、10跃11）
	高层住宅（11~29层）
	超高层（30层以上）

除此之外，还有其他几种类型的分类方法。下面我们也来了解一下。

（1）根据设计特点

普通住宅：是指按所在地一般民用住宅建筑标准建造的居住用房屋。而非普通住宅，一般指建筑面积较大或用作商业用途的房子。比如，宁波的普通住宅是指面积140平方米以下的住宅。

公寓式住宅：大多数是高层大楼，标准较高，每一层内有若干单独使用的套房，包括卧室、起居室、客厅、浴室、厕所、厨房、阳台等，还有一部分附设于酒店之内。

联排别墅:"有天、有地、有独立的庭院,还有专用车位或车库",由几幢三层以下的低层住宅并联而成。

联排别墅在形式上比较接近 3~4 层的低层住宅与别墅。与低层住宅的区别是:联排别墅在一个垂直层面只有一户,而低层住宅在一个垂直层面有多户,且在同一单元的同一层有 2~3 户不等;另外,每户都有私家花园,而低层住宅只有首层住户才可能有私家花园。与别墅的区别是:联排别墅不是独立成栋,而是由多套住宅并联在一起。

花园洋房:一般都是带有花园草坪和车库的独院式平房或二三层小楼,建筑密度很低,内部居住功能完备,装修豪华,并富有变化,户外小区也都有较高的标准,一般为高收入者购买。

小独栋:别墅市场细分出来的一种产品类型,它介于严格意义上的别墅和 Townhouse 之间,独立式住宅,建筑面积通常在 300 平米以下,不超过 400 平米,不是很贵的价位,相比普通商品房配套设施更齐全,更讲究格局。

复式住宅:由香港建筑师创造设计的一种经济型房屋,是在层高较高的一层楼中增建一个夹层,从而形成上下两层的楼房。它在概念上是一层,其目的是提高住宅空间利用率。

跃层住宅:有上、下两层楼面,卧室、起居室、客厅、卫生间、厨房及其他辅助用房,并采用户内独用的小楼梯连接的房屋。

错层住宅:多层面梯级跃升式住宅,指一套房子不处于同一平面,即房内的厅、卧、卫、厨、阳台处于几个高度不同的平面上,有"压缩了的复式"之称。

Loft:原意是"在屋顶之下,存放东西的阁楼或高大空间的建筑",其最直观的特点就是 5.5 米左右甚至更高的挑高,以及在户型上除了卫生间和厨房之外没有任何预设的安排。给人的感觉是,Loft 就是一个大房子,在这个空荡荡的空间里,购房者可以根据自己的喜好,随意地隔断出各种功能不同、风格各异的子空间。

(2)根据建筑形式

板楼:户型是南北或东西通透,户型一般比较狭长,每层住户较少,一般就只有 2 户,总层数一般较少。

塔楼：一般是指高层建筑，户型不能南北或东西通透，户型一般比较方正，塔楼每层的住户多为6户以上。塔楼平面图的特点是，一般多于4户共同围绕或者环绕一个单元通道形成的楼房平面，平面的长度和宽度大致相同。

板塔结合：顾名思义，即"板中有塔，塔中有板"。

（3）按工程进度分

按建筑施工进度划分，可把房屋分为期房和现房。

期房：习惯上把在建的、尚未完成建设、不能交付使用的房屋称为期房。

现房：是指通过竣工验收，可以交付使用，并取得产权证的房屋。

（4）根据是否享受政策优惠

商品房：由房地产开发企业开发建设并出售的房屋，不享受政策优惠。

经济适用房：具有社会保障性质的商品住宅，具有经济性和适用性的特点，不完全具备产权，可根据当地相关政策进行二手房交易；供应对象为低收入住房困难家庭。

限价房：可简单理解为限房价、限地价的"两限"商品房，但可自由进行二手房交易；供应对象为中低等收入家庭。

4. 房屋建筑结构的分类标准

建筑结构常见的有四种类别：钢结构、钢筋混凝土结构、混合结构、砖木结构。

（1）钢结构

承重的主要结构是用钢材料建造，包括悬索结构。如钢铁厂房、大型体育场等。

（2）钢筋混凝土结构

主要承重结构如柱、梁、板、楼梯、屋盖用钢筋混凝土制作，墙用砖或其他材料填充。这种结构抗震性能好，整体性强，抗腐蚀耐火能力强，经久耐用。

(3) 砖混结构

小部分钢筋混凝土及大部分砖墙承重的结构。

承重的主要结构是用钢筋混凝土和砖木建造。如一幢房屋的梁是钢筋混凝土制成，以砖墙为承重墙，或者梁是木材制造，柱是钢筋混凝土建造的。用预制钢筋混凝土小梁薄板楼混合二等，其他的为混合一等。

(4) 砖木结构

承重的主要结构是用砖、木材建造的，如一幢房屋是木屋架、砖墙、木柱建造。

5. 了解一些房地产专业术语

你要买房，但你又不甚了解房产中的一些门道，又不想因为"无知"而被销售人员忽悠。那么你得先了解一些买房方面的专业术语。

(1) 面积的专业术语

建设用地面积：经城市规划行政主管部门划定的建设用地范围内的土地面积。

总建筑面积：指在建设用地范围内单栋或多栋建筑物地面以上及地面以上各层建筑面积之和。

产权面积：产权主依法拥有房屋所有权的房屋建筑面积（套内建筑面积+各户应公摊面积）。

套内建筑面积：包括套内的使用面积、套内墙体面积及套内阳台面积。层高 2.2 m 以上的永久性建筑。

套内墙体面积：套内使用空间周围或承重墙体或其他承重支撑体所占的面积，其中各套之间的分隔墙和套与公共建筑空间的分隔墙以及外墙等共有墙，均按水平投影面积的一半计入套内墙体面积。

套内阳台建筑面积：套内阳台建筑面积均按阳台外围与房屋外墙之间的水平投影面积计算。其中封闭的阳台按水平投影全部计算建筑面积，未封闭的阳台按水平投影的一半计算建筑面积。

套内使用面积：不包括墙体、柱子等结构面积。

使用面积的计算应符合以下规定：室内使用面积按结构墙体内表面尺寸计算，墙体有复合保温、隔热层、按复合层内皮尺寸计算；烟囱、通风道、各种管道竖井等均不计入使用面积；非公用楼梯（包括跃层住宅中的套内楼梯）按自然层数的使用面积总和计入使用面积。

公摊面积：公共建筑面积以及为整幢服务的公共用房和管理用房的建筑面积。

（2）房屋的经济形态

商品房：特指经政府有关部门批准，有经营资格的房地产开发公司开发，建成后用于市场出售出租的房屋，包括住宅、商业用房以及其他建筑物。

经济适用房：以微利价格出售给广大中低收入家庭的商品房。（安居房、惠民房）

政策性住房（房改房）：是有一定的福利性质的，各产权单位按照政府每年公布的房改价格出售给本单位职工的住房。这类房屋来源一般是单位购买的商品房、自建房屋、集资建房等。

（3）其他专业术语

进深：在建筑学中是指一间独立的房屋或一幢居住建筑内从前墙的定位轴线到后墙的定位轴线之间的实际长度。住宅的进深采用下列常用参数：3.0米、3.3米、3.6米、3.9米、4.2米、4.5米、4.8米、5.1米、5.4米、5.7米、6.0米。

开间：在住宅设计中，住宅的宽度是指一间房屋内的一面墙的定位轴线到另一面墙的定位轴线之间的实际距离。因为是就一自然间的宽度而言，故又称"开间"。住宅建筑的开间常采用下列参数：2.1米、2.4米、2.7米、3.0米、3.3米、3.6米、3.9米、4.2米。

住宅的开间在住宅设计上有严格的规定。根据《住宅建筑模数协调标准》规定容积率：在建设用地范围内所有建筑物地面以上各层建筑面积之和与建设用地面积的比率（%）。

绿化率：在建设用地范围内全部绿化种植物水平投影面积之和与建设用地面积的比率（%）。

层高：指下层地板面到上层楼层面之间的距离。在《住宅建筑模数协调标准》中，明确规定了砖混结构住宅建筑层高采用的参数为：2.6 米、2.7 米、2.8 米。

净高：指下层地板面到上层楼板下表面之间的距离。净高和层高的关系可以用公式来表示：净高=层高-楼板厚度。

6. 八种国家限制买卖的房屋

根据国家规定，下列情况中的房屋买卖将受到限制：
（1）违法或者违章建筑；
（2）房屋使用权不能买卖，房屋产权有纠纷或产权未明确的；
（3）学校、寺庙、庵堂等教育、宗教建筑；
（4）著名建筑物或者文物古迹等须加以保护的房屋；
（5）由于国家建设需要，征用或者确定为拆迁范围内的房屋；
（6）单位不得擅自购买城市私房；
（7）出租人、共有权人、出典人的房屋可以出售，在同等条件下，承租人、共有权人、承典人有优先购买权；
（8）出卖享有国家或者单位补贴廉价购买或建造的房屋。

7. 房地产开发及土地使用权的相关法律条款

房地产法是调整我国房地产关系的法律规范的总称。

房地产法有广义与狭义之分：

广义的房地产法是指对房地产关系进行调整的所有的法律、法规、条例等的总称。它包括宪法、民法、经济法中有关调整房地产的条款以及土地管理法、城市规划法、城市房地产管理法等普通法的规定以及房地产行政法规、部门规章等。

狭义的房地产法是指国家立法机关即全国人民代表大会制定的对城市房地产关系做统一调整的基本法律即《中华人民共和国城市房地产管理法》。

在我国房地产开发及土地使用权的法律法规中,基本原则包括:

(1) 土地公有原则

我国法律规定,土地不仅是资源,还是资产。我国境内的土地,除由法律规定属于国家所有的外,属于劳动群众集体所有。国家可以依法征用集体土地,经征用即转化为全民所有。我国内地已不存在土地私有制。

(2) 土地有偿使用原则

国家依法实行国有土地有偿使用制度。房地产开发的有偿使用,一般都规定使用期限。比如,普通商品房土地使用70年的规定。

(3) 十分珍惜、合理利用土地和切实保护耕地的原则

农业是我国国民经济的基础,保护耕地,就是保护我们的生命线。各地应当采取措施,全面规划,严格管理,保护、开发土地资源,制止非法占用土地的行为。

(4) 房地产综合开发原则

房地产开发经营应依照经济效益、社会效益、环境效益相统一的原则,力求"三位一体",互相促进,注意防止顾此失彼。

(5) 城镇住房商品化原则

国家根据社会、经济发展水平,扶持发展居民住宅建设,逐步改善居民的居住条件。逐步推行城镇居民住房商品化,不断满足人民群众日益增长的住房需求。

(6) 宏观调控与市场调节相结合的原则

鉴于房地产在国民经济中的重要性,房地产市场交易的高利润和高风险性,对房地产活动既不能管得太死,又不能放任自流,特别要警惕"泡沫经济"成分。因此,科学的管理方法是以宏观调控为指导,适当放开,由市场去调节。

8. 商品房销售必备的"五证"

商品房销售必备的五证,是指房地产商在预售商品房时应具备《建设用地规划许可证》《建设工程规划许可证》《建筑工程施工许可证》《国有土地使用证》和《商品房销售预售许可证》,简称"五证"。

(1)《建设用地规划许可证》

《建设用地规划许可证》是建设单位在向土地管理部门申请征用、划拨土地前,经城市规划行政主管部门确认建设项目位置和范围符合城市规划的法定凭证,是建设单位用地的法律凭证。没有此证的用地单位属非法用地,房地产商的售房行为也属非法,不能领取房地产权属证件。

(2)《建设工程规划许可证》

《建设工程规划许可证》是有关建设工程符合城市规划要求的法律凭证,是建设单位建设工程的法律凭证,是建设活动中接受监督检查时的法定依据。没有此证的建设单位,其工程建筑是违章建筑,不能领取房地产权属证件。

(3)《建筑工程施工许可证》

《建筑工程施工许可证(建设工程开工证)》是建筑施工单位符合各种施工条件、允许开工的批准文件,是建设单位进行工程施工的法律凭证,也是房屋权属登记的主要依据之一。没有开工证的建设项目均属违章建筑,不受法律保护。当各种施工条件完备时,建设单位应当按照计划批准的开工项目向工程所在地县级以上人民政府建设行政主管部门办理施工许可证手续,领取施工许可证。未取得施工许可证的不得擅自开工。

(4)《国有土地使用证》

《国有土地使用证》是证明土地使用者(单位或个人)使用国有土地的法律凭证,受法律保护。

(5)《商品房销售(预售)许可证》

《商品房销售(预售)许可证》是市、县人民政府房地产行政管理部门允许房地产开发企业销售商品房的批准文件。其主管机关是国土房管局,证书由市国土房管局统一印制、办理登记审批和核发证书。房地产商在销售商品房时,如该房屋已建成,还应持有房屋所有权证书。购房者如需调查房屋的建筑质量,还可查验房地产商的《工程验收证》。

附:大君导师中介服务点拨

足够的知识、卓越的专业能力会让房地产经纪人充满自信和力量,也是赢得客户信任的重要因素。因此,销售人员不但要知己,了解房屋情况、服务和房产中介,还要了解竞争对手及行业状况等,避免在房地产销售过程中陷入尴尬境地。

试想,客户相信一名专业能力强的房地产经纪人,还是相信对房产、行业和竞争对手都不甚清楚的房地产经纪人?

产品应用专家是指房地产经纪人不仅应对自己所销售的楼盘很了解、熟悉,同时一定要很清楚房子的价值所在以及如何帮助客户创造价值。只有这样,房地产经纪人才能很好地与客户建立信任关系、了解和挖掘客户的需求,有针对性地介绍房产、寻找新的销售机会和切入点等。

Chapter 4

十分成交，百分准备：房、客源开发与商圈调查

房地产中介服务行业是一项特殊的行业，特别是终端销售人员的职业服务理念和职业技能往往决定着成交率。所以，即使面对一分的成交，我们也要做出百分的准备。作为销售人员务必要做足前期功夫，才有水到渠成的成交和客户满意度。

1. 商圈调查的概念、内容和方法

所谓商圈，通常以门店的坐落点为圆心，向外延伸某一距离，以此为半径构成的一个圆形的消费圈。

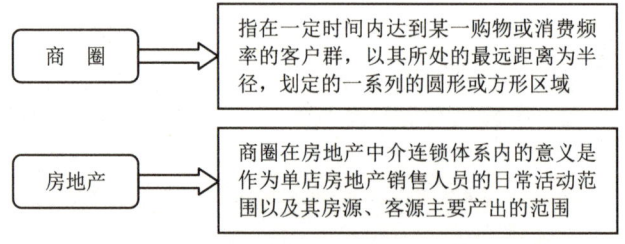

商圈：指在一定时间内达到某一购物或消费频率的客户群，以其所处的最远距离为半径，划定的一系列的圆形或方形区域

房地产：商圈在房地产中介连锁体系内的意义是作为单店房地产销售人员的日常活动范围以及其房源、客源主要产出的范围

商圈的大小反映着一家房地产中介经营的辐射能力。

店铺确定其商圈范围非常重要，一方面可用于指导店铺的选址，另一方面

可以具体了解店铺的消费者构成及其特点，从而确定目标市场和经营策略。对商圈内人口的消费能力进行调查，计算商圈不同区域内人口的数量和密度、年龄分布、文化水平、职业分布、人均可支配收入等许多指标，了解其商圈范围内的主商圈、次商圈和第三商圈内各居民或特定目标客户的数量和收入程度、消费特点与偏好。

（1）商圈的分类

商圈分为主商圈、次商圈和第三商圈。主商圈是指最接近门店并拥有高密度客户群的区域，通常本区域50%～70%的消费者来本店购物；次商圈，位于主商圈的外围，客户光顾率较低，一般这一区域20%的消费者到本店购物；第三商圈位于次商圈的外围，属于本企业的辐射商圈，一般本区域10%的消费者来本店购物。

对于房地产行业来说：

主商圈：门店所在区域内的客户数占总客户数的55%～70%；

次商圈：门店所在区域内的客户数占总客户数的15%～25%；

辅助商圈：门店所在商圈中去除前两种商圈后，剩余的客户构成区域。

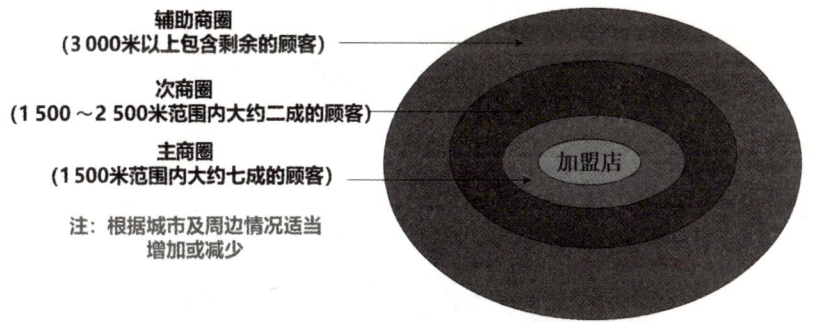

（2）商圈调查的意义

深入了解目标市场与目标客户，提升品牌及个人的知名度，有效的市场预测与物业评估，及时调整竞争策略，便于你未来和客户沟通、谈判时取得专业上的主导地位，有助于房源与客户的开发。

(3) 商圈调查的目的

了解地区居民的人口数量及特性,确定区域内楼盘名称、位置、结构、交易价格,了解商圈内配套设施状况,分析商圈内同行业的竞争对手及经营状况,找出商圈内的障碍及缺陷;其他可能影响交易及价格的因素。

(4) 商圈调查的内容

商圈调查必须详细统计和分析商圈内的社区内房屋套数、房屋产权状况、楼盘外围状况、该区域房屋价格、社区的发展规划、社区人口规模、小区物业、社会环境等,对商圈的优缺点进行评估,并预计市场状况。

对商圈的分析与调查,可以帮助经营者明确哪些是本店的基本客户群,哪些是潜在客户群,力求在保持基本客户群的同时,着力吸引潜在客户群。

商圈调查可以帮助开店者了解预定门市坐落地点所在商圈的优缺点,从而决定是否为最适合开店的商圈。在选择店址时,应在明确商圈范围、了解商圈内消费分布状况及市场、非市场因素的有关资料的基础上,进行经营效益的评估,衡量店址的使用价值,按照设计的基本原则,选出适宜的地点,使商圈、店址、经营条件协调融合,创造经营优势。

全面的商圈调查,可以使经营者了解店铺位置的优劣及客户的需求与偏好,让经营者依照调查资料订立明确的业绩目标。通过商圈分析,制定市场开拓战略,不断延伸触角,扩大商圈范围,提高市场占有率。

(5) 商圈调查的方法

商圈调查的方法有以下三种:

不管采取哪种方法做商圈调查,第一必须要观察,观察的时候要选择多个

时间点，同一个时间点的观察要反复进行多次，然后进行细致比较；第二是记录，必须要量化，有量化才会有标准，才会不受感觉欺骗。

商圈调查的准备工作：

准备好工具：铅笔、尺子、稿纸、名片等。

熟悉并准备好调查的目标和内容，将要填写的表格。商圈调查用表包括小区楼盘分布图、商圈调查表。

对店长安排的计划提前熟悉，并安排自己一天的行程。

心态的准备：商圈调查是每一名新房地产经纪人的必经之路，以后将没有这么系统、详细的商圈调查时间，在此阶段中，可以考验一个新房地产经纪人是否有毅力、有自律性、有悟性等，是一个房地产经纪人成长的关键阶段，希望不要在这个阶段被淘汰！

（6）商圈精耕

为什么要做商圈精耕？

开发现有房源；

对楼盘及周边环境做到了如指掌；

有效地控制目标市场；

加强门店在目标商圈内的人脉及市场占有率；

缩短市场开发及配对的时间，提高工作效率；

做到对同行同业的知己知彼。

如何做商圈精耕？

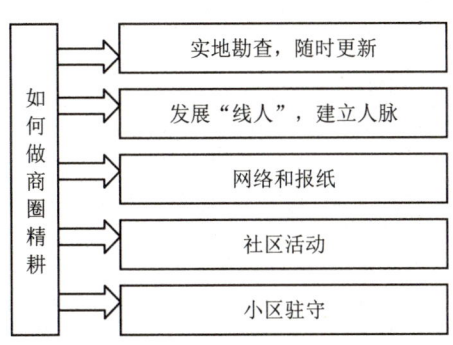

商圈调查的注意事项如下：

首先做到资料翔实细致，不要有疏漏。

其次要做到准备无误，不能出现模棱两可的调查结果。

最后要学会整合资料及资源，做到调查结果能为我所用。

2. 房、客源开发的方法与技巧

什么是信息？

信息就是资源，能带给你收益的资源，会被快速地传递，本行业指客源和房源。

（1）信息开发的重要性

行业的源头，企业的生命线；

更快地提升公司的知名度和影响力；

丰富信息资源，获得更多成交的机会；

占领市场份额，使公司快速发展；

使更多的人认可公司。

（2）信息开发的好处及信息分类

信息开发的好处：可以快速获得信任，及时获取一手信息，使你的能力被认可和肯定，挣到更多的钱，你的职业生涯更长远。

信息的分类：有效信息、潜在信息和特殊信息。

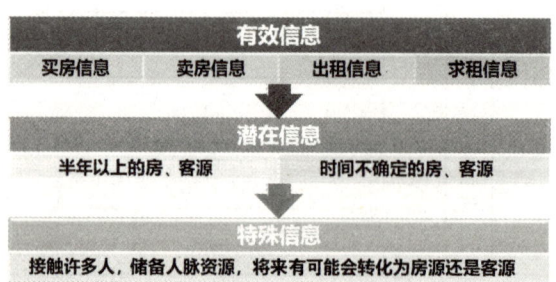

Chapter 4 十分成交，百分准备：房、客源开发与商圈调查

房源、客源的开发，是房地产经纪人最基础，也是最重要的工作，更是房地产中介的经济命脉，直接影响着公司的生死存亡，没有大量丰富的资源，中介门店离关门也就不远了。

房、客源开发的意义及重要性如下：

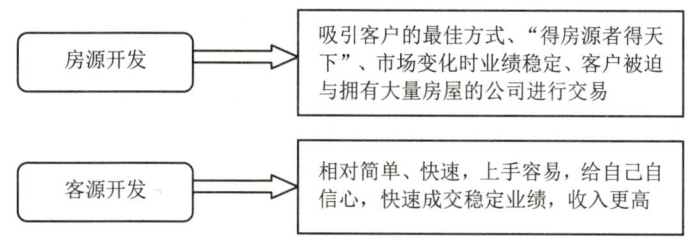

房源开发在一定程度上影响着客源开发。

客源和房源的关系：互为条件，互相依存；互为目标，相得益彰。房源开发的渠道有很多，能够正确有效地开发房源，才是有力途径。有了丰富的优质房源，会吸引更多的客源前来咨询。

（1）房源开发的方式与技巧

房源是房地产中介的经济命脉，房地产从业者常说，得房源者得天下。那么，如果一家公司拥有丰富的优质的房源，他就不怕找不到客户。我们知道，大型中介公司因为具备品牌优势，平台实力，自然不缺好的资源。那对于中小型的房地产中介公司来讲，怎么去充分开发房源呢？

房源和客源的开发			
外拓	内拓	网络	电话

第一，房、客源开发之外拓社区。

选好地点：

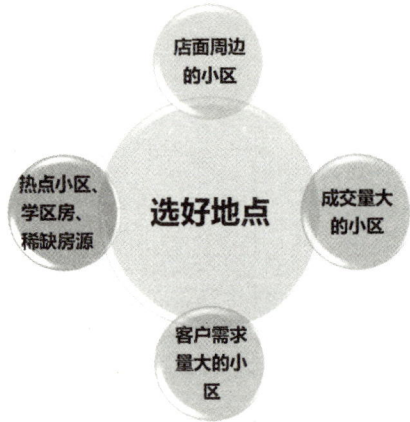

选择最佳时间：

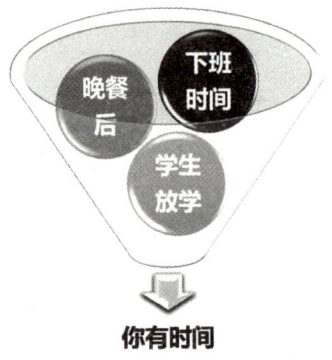

主动出击：是行销而不是坐销，迈开腿走出去，张开嘴主动说；对过往行人、小区业主或潜在客户主动宣传推广。

善于观察：小区谁家装修？是否出租？是刚搬来的？小区谁家搬家？房子是要出租？房子是要卖？

坚守：制定可行性开发目标，天长日久变成习惯，定时间定地点固定人，信息开发是一个长久漫长的过程，要知道有时过程比结果更重要。

社区开发外拓注意事项：

不会立竿见影：不要半途而废给他人做嫁衣。

同行竞争：体现自身的职业性和专业性，避免冲突的发生。

城管巡查：避免发生正面冲突。

注意安全：在整个过程中要注意安全。

人流密集地段外拓：占据最佳位置，自信热情、不卑不亢，主动出击。

人流密集地段开发的注意事项：

带齐外拓开发所需资料；

保持你的专业和职业形象；

维护职能部门的合作关系；

一定要注意自身安全及公共秩序。

外拓小区相关工作人员：

物业人员：主动接触，表明身份，提出合作。

保安、保洁、电梯工：主动问好，建立好感，小恩小惠。

小区工作人员开发的注意事项：

最重要的以尊重为根本；

不要忘了自己的目的；

避免发生冲突。

第二，房、客源开发之内拓及注意事项。

深挖过期资源：房、客源系统中的过期资源再沟通。

系统成交资源：给所有成交过的房、客源都打电话。

注意事项：不要犯经验主义错误，让业主、客户感觉到你是最专业的。

第三，房、客源开发之网络开发及注意事项。

善于利用各种端口营销宣传。

了解各种端口的规则及特点。

熟知网络交友聊天工具及规则。

网络营销中对自己的定位及包装。

注意事项：电脑手机是我们销售的工具而不是玩具，网络房源的熟知程度及信息反馈的及时性。

第四，房、客源开发之电话及注意事项。

打业主名录电话联系。

汽车玻璃上挪车电话联系。

注意事项：语气、语速、亲切、从容、自信；电话开发普通话要标准，坚持不懈，持之以恒。

信息开发所需的准备：

信息开发的关键：

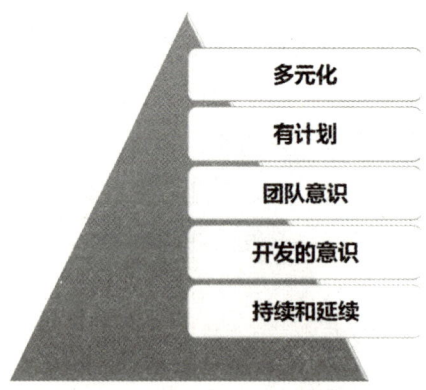

当然开发房源的方法有很多，诸如平时我们房地产经纪人经常用到的洗盘、打电话、贴条、名片、派单、网络等，如下图所示：

Chapter 4 十分成交,百分准备:房、客源开发与商圈调查

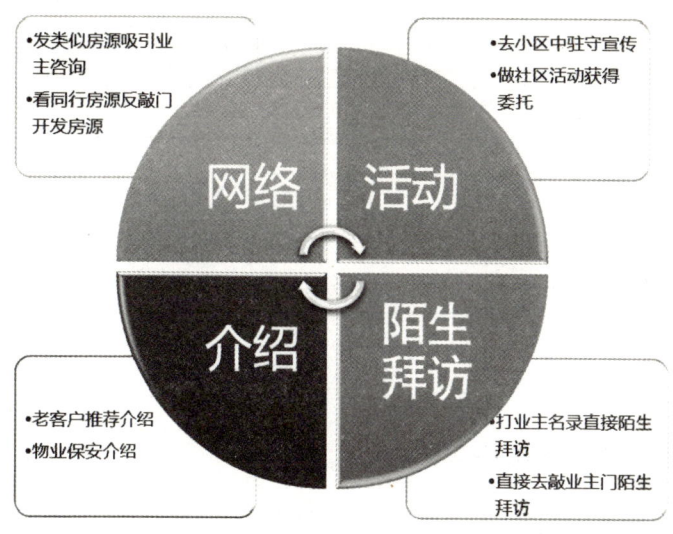

当然这些都是比较常用的一些方法。那么,在房地产经纪人的实际工作中,哪些方式是比较有效的呢?

第一,网络开发。房地产经纪人会在 58 同城、搜房网、安居客等网站上不停地刷新搜索业主更新的房源。

第二,人际关系开发。房地产经纪人可以让身边的同学、朋友、亲人、同事、客户等,接触到的任何人都可以帮你开发资源。另外,通过微信朋友圈,向你的微信好友介绍。每一个房地产经纪人都有自己的微店铺,分享到朋友圈,客户通过微店可以直接委托买卖租赁需求,获得精准房、客源。

第三,物业开发。物业手中掌握着一个小区所有的业主资料,你可以向他们打听,首先你要和物业工作人员搞好关系,和他们聊天,从他们那里获取相关信息。

第四,和小区的大妈们聊天。我们不能小觑大妈们的力量,她们对小区相关关系的了解不亚于物业。和大妈们多走动走动,你会获取到很有价值的资料。

房地产经纪人通过以上方法,并辅助派单、名片、洗盘等传统的方法。坚持下去,用心去做,也会有一定的收获!

房源开发中的注意事项如下:

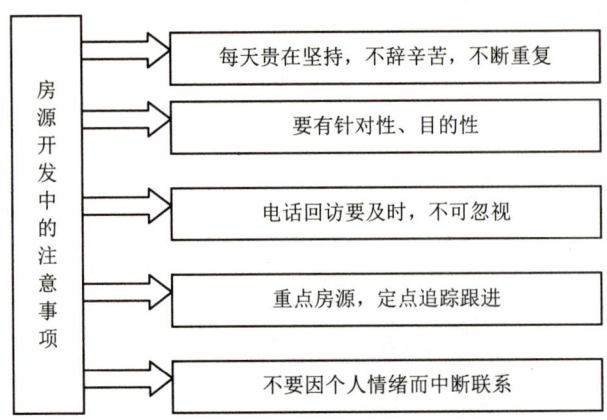

（2）客户开发的方式与技巧

作为一名优秀的房地产经纪人，应该时时刻刻考虑这样一些问题："我在卖什么？"推销产品之前应该先推销自己。能否把自己顺利地推销出去，这是一个关键。

"谁是我的客户？"

"为什么我的客户会买我的东西？"

"我的未来客户在哪里？"

"为什么客户不买我的商品或服务？"

"谁是我的竞争者？"

"谁不是我的客户？"

这些就是卓越的房地产经纪人在客户开发方面需要考虑的问题。

开发客户的方式如下图所示：

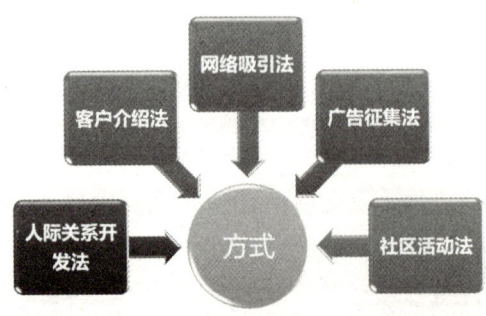

第一，人际关系法。众所周知，要想成功必须具备两个条件：一个是专业上的竞争力，另一个是人脉竞争力，而你所取得的成就是一个两者相乘的关系。因此，我们往往会看到一个人专业上无敌，但不善于与人交际，做着与自己能力不相称的工作；若有人脉相助的话，这个人的竞争力将是不可限量的。

第二，客户介绍法。房地产经纪人在使用这个方法时，要注意以下几点：保持与自己客户的不间断联系，敢于要求客户介绍，良好的客户服务是客户介绍的基础。

第三，网络吸引法。互联网的发展，给人们的衣食住行都带来了巨大的方便。现在很多业主出租或者出售房源，也都是通过网络渠道寻找消费者。房地产经纪人可以通过一些房产网站来开发客户，常用的方法有：

各大房产网、门户网；

发电子邮件；

QQ、微信；

业主论坛、业主微信群；

房地产经纪人网络店铺；

建立房地产经纪人微博。

这样不仅节约时间，也节省了精力和体力，全城的客户都可以开发到。

第四，广告征集法，以发布广告开发客户的方法。比如，DM 单的派发，社区信箱直投或者手递手派发，地铁口或商圈手递手、一对一派发等方式。

第五，社区活动法。居住地所在区域开展的居民的各类活动。

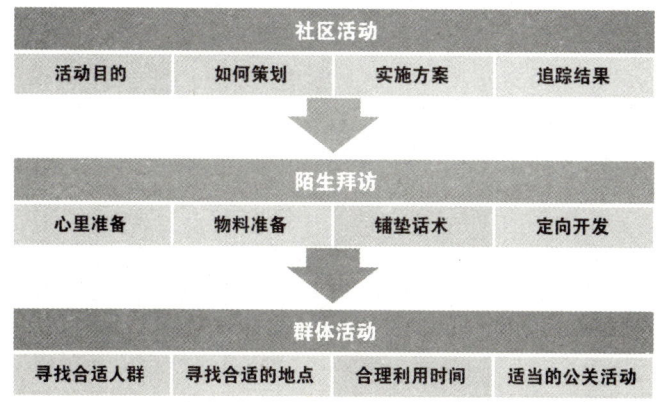

(3) 房地产经纪人应具备的心态及注意事项

房地产经纪人应具备的心态：不断地赞美别人，建立亲密关系；拒绝和挫折是家常便饭，保持良好心态；销售工作如逆水行舟，不进则退；成交是硬道理，行业以业绩论英雄；工作生活化，生活工作化。

房地产经纪人的注意事项：

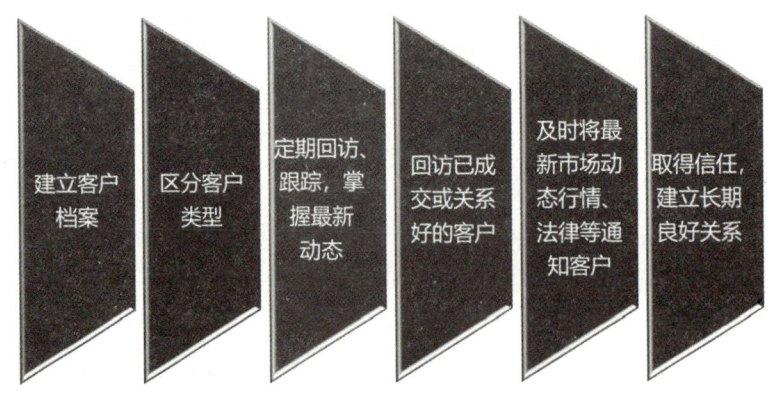

(4) 开发客户遵循的重要原则："二八法则"

有不少房地产经纪人总会有这样的困惑：

为什么我天天忙得焦头烂额，忙得都忘了时间，忘了吃饭，但还是完成不了工作任务？

为什么我努力工作，付出很多精力和艰辛，但业绩总是不尽如人意？

为什么我的客户也不少，每天都出去跑，可是忙活了半天，业绩还是上不去呢？

……

为什么我们总是付出跟收获不成正比呢？其实，你发现没有，你总是用80%的精力去做那些只会取得20%成效的事。也就是说，你把大部分精力和时间都花在了那些微不足道的工作上，而重要的能给你带来很大回报的工作，你却只用了20%的精力和时间，所以就出现了付出和回报不成正比的情况。

Chapter 4 十分成交，百分准备：房、客源开发与商圈调查

之所以要把目标客户分为A、B、C三级，就是为了有效开发客户。

在我们身边听到最多的一个说法是："80%的收入来源于20%的客户。"其实，不仅仅是销售工作，生活中也到处存在着"二八法则"：

玩游戏，80%的时间花在了20%的游戏种类上；

阅读书籍，80%的阅读，真正需要的则只有20%；

过日子，80%的金钱和财富都是由20%的人赚回来的；

在公司里面，80%的业绩是20%的员工努力工作的结果；

……

上面的数据用铁一样的事实体现了"二八法则"所展示的不平衡原理。从中，我们也得出了一个结论，就是我们做事情不能胡子眉毛一把抓，而应有主次、轻重、前后之分，做到抓重点、抓中心、抓关键，这样才能提高工作效率，创造好业绩。

很多房地产经纪人抱怨自己明明工作非常努力，但是业绩怎么也提高不了，其实很多时候都是因为我们没有抓住关键客户、关键问题，所以即使耗费了九牛二虎之力，最后取得的成果却微乎其微。用80%的努力赚取20%的成果，这样的效率对于公司和个人的发展来说都是远远不够的，只有抓住关键部分，才能创造高效的业绩。

佳涛是国内某知名房地产中介的销售人员，在他工作的前几个月，仅挣两三千元，后来他在犹太人的经商智慧中发现了"二八法则"。他仔细地观察自己的销售图表，并做了进一步的分析，发现自己80%的收入来自20%的客户，但是他对所有客户花费的时间都是一样的，这正是他比别的优秀同事赚得少的原因。

于是，在后来的销售过程中，他把不太重要的仅仅是租房，或者仅仅只是抱着看看心态的一些客户转给了其他销售人员，而把自己的主要精力放在那些最有可能购买房子的客户身上。

不久后，他便轻而易举地挣到了一万元。接下来的几年中，他一直坚持这个原则，个人销售业绩一直在公司中排名前几位，最后他创业开了自己的中介门店，一年的收入开始用百万计。

在工作中，很多房地产经纪人总会陷入这样的误区：认为付出得越多，得

到的也越多。但事实上，只讲究付出的量是不够的，还要选择正确的努力方向，重视效率，这样才会有更多的收获。

房地产经纪人，每天都要面对大量的客户，解决很多的问题，每个人的精力都是有限的，没有人能把所有的事都做好，做得面面俱到。要想有效地做好一件事情，做精一件事情，就要学会合理分配时间和精力，找到并充分利用对自己有利的最关键资源，有效地重点出击、重点突破。

"有所为，有所不为"的做事思维正是"二八法则"的精髓，能够帮助人们以最少的投入收获最大的利益。同时也提醒人们不要将时间和精力花费在琐事、次要的事情上，要学会抓主要矛盾、解决关键问题，采取有效的倾斜性措施。这样才能四两拨千斤地取得好的成效。

我们从小就被灌输"一分耕耘，一分收获"的思想，多少年来，我们兢兢业业，任劳任怨地开发客户，我们虔诚地相信只要努力工作就可以收获相应的报酬，而"二八法则"却告诉我们，这种观念并不正确，最起码是不完全正确。因为我们往往付出80%的努力，但只换回来20%的收获，付出和回报并不能成正比。

我们房地产经纪人要改变思路，把有限的时间和精力放在能创造高收益的销售工作上，抓关键，抓重点，分清轻重缓急，设计优先顺序，不要盲目地像以前一样将自己的时间和精力都献给了无偿的劳动。如果你固执地将自己大部分精力花在那些不重要的事情上，结果只能作茧自缚，你的成功之路也只能是南辕北辙，最终眼睁睁地看着别人成功而自怨自艾。

（5）你有多广的人脉，就有多大的机会

很多房地产经纪人陷于整日的抱怨之中，总想为自己的不成功找一个借口。其实，无论你如何发泄都无法改变这个生而不平等的事实，但依然有机会让你扭转命运，就是创造你的人脉网络。

美国前总统罗斯福说："成功的第一要素是如何搞好人际关系。"

美国某大铁路公司总裁A. H. 史密斯也说过，铁路的95%是人，5%是铁。你有多广的人脉，就有多大的机会。学会如何处理人际关系，建立广泛的人脉，你就走在了正确的成功道路上。

Chapter 4 十分成交，百分准备：房、客源开发与商圈调查

卓越的房地产经纪人懂得结交如下的朋友为己所用：

旅行社、行业协会、商会、政协、人大、工商联、工信委、招商局、演讲会演唱会球赛的组织者、高档会所、茶馆、老乡会、同学会、注册公司、中介公司、同行、银行电信联通移动大客户、印刷厂、名片店、广告公司、装饰公司、培训公司等。

想一想，什么时候不能销售？什么地点不能销售？答案是随时随地。没有这样的信念，你将损失很多的销售额，丢失大量的客户，错过很多成功的机会。

所谓"放长线钓大鱼"，比喻做事从长远打算，虽然不能立刻收效，但将来能得到更大的好处。

卓越的房地产经纪人之所以能取得不菲的业绩，来自漏斗原理，他们随时随地大量地结交朋友或通过客户转介绍，然后从这些刚认识的朋友中遴选准客户。更重要的是他们拥有坚定的信念：可以在任何时间、在任何地点，销售任何产品给任何人！

我们要懂得在任何地方、任何时候，结识人脉，以帮助我们的事业因为贵人的帮助，而突飞猛进。在这个世界上，没有人会仅靠一己之力获得成功，必须主动出击，不放过任何与人结缘的机会。

如果你不主动跟客户联系，那么你的客户就会以每年10%的速度流失。显然，这一经验在朋友之间的关系上同样生效。

有空的时候，给远在异地的朋友打打电话，询问一下对方近来的生活、工作状况，顺便介绍一下自己的情况，相互交流一下，这是很有必要的。它可以让你时刻感觉到与外界的联系，从而避免孤独情绪的出现。

那么，如何才能既不打扰对方，又能保持与朋友之间的良好联系呢？最好的办法就是记下那些对你的朋友至关重要的日子，比如生日等，平常的节假日也是一个很好的机会。在这些特别的日子里，试着给他们打打电话，或者给他们寄张贺卡，他们都会高兴万分，因为他们知道你心中想着他们。当你这么做的时候，他们反过来也会这么对待你。

3. 过期房源业主和自售业主

为什么自售业主和过期房源业主能成为你房源的最大资源？如何找到和发起联系自售业主和过期房源业主？

自售业主和过期房源业主的动机、需求和关心的问题，找寻自售业主和过期房源业主制定与潜在客户接触的五个步骤。

（1）过期房源业主

过期房源是指，一套房源曾被你的竞争者或自己公司先前取得过委托，但是没有卖出去。当房源过期，同时客户与经纪人的合同结束后，这样的房源我们称之为过期房源。

过期房源的机会：

对于过期房源，业主的态度和期望：

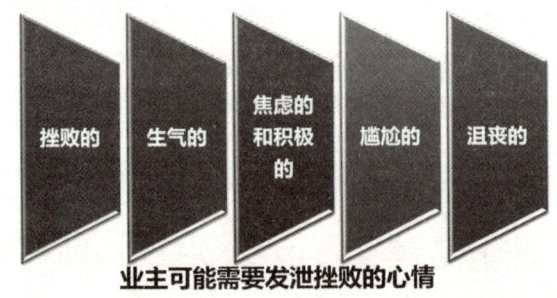

为什么房源过期?

通常过期是由于:

房地产经纪人过期房源业主接触步骤如下:

接触过期房源业主步骤——介绍。

自己的全名和公司名;

表达清晰;

沉稳自信。

接触过期房源业主步骤——来电原因。

确认房源的状况。

接触过期房源业主步骤——问问题。

开放式问题。

接触过期房源业主步骤——提供服务。

帮助业主找到房子卖不出的原因;

建议出示书面市场营销计划;

卖方服务承诺;

给出房源改善建议及推广更多买家。

接触过期房源业主步骤——完成约看。

向客户提供多种选择，持之以恒。

(2) 自售业主

自售业主的动机如下：

自售业主最大的限制：向买方曝光。

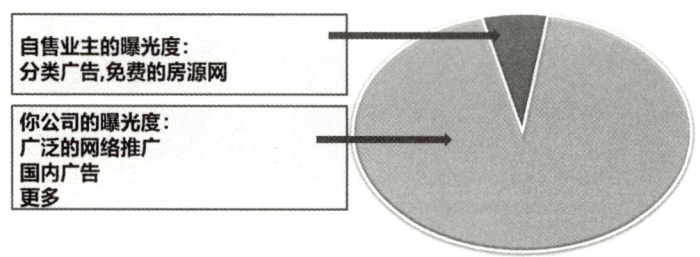

房地产经济人自售业主接触步骤如下：

接触自售业主步骤——介绍。

自己的全名和公司名；表达清晰；沉稳自信。

接触自售业主步骤——来电原因。

提供帮助和指导；要求带看房；帮助找买方或推介。

接触自售业主步骤——问问题。

发现动机和紧迫性；倾听并解答；提出问题；发现需求。

接触自售业主步骤——提供服务。

市场比较分析；你的市场销售计划；在不同阶段引导客户。

接触自售业主步骤——完成约看。

向客户提供多种选择，持之以恒。

自售业主跟进工作，能为自售业主做的点点滴滴：亲自登门拜访，打移动电话或座机，发短信或微信，发正式邮件。

4. 网络营销的关键点

所谓网络营销，广义的概念是指通过网络平台，达到销售目的的一切活动；狭义的概念是指通过网络平台，获取房源、客源，达到销售目的。这里说的网络营销是房地产通过网络平台进行销售。这里的内容不涉及房源开发，只讲房源网络推广及客源获取。

（1）网络营销的重要性

房地产营销成交量与价格和曝光率之间的关系如下：

成交=价格×曝光率。

如何提高店铺的访客数，很重要的一点就是吸引更多的新用户，而网络已成为最主要的获取房、客源的渠道。

下图是中国互联网发展状况统计调查：

网络成交占总成交比例的60%左右，高的能达到80%以上。来自网络的客源比例，一般在70%～80%。网络营销的重要性，不言而喻。

（2）网络营销的优势

网络营销的优势，体现在两大类，分别从客户和中介的角度来分析：

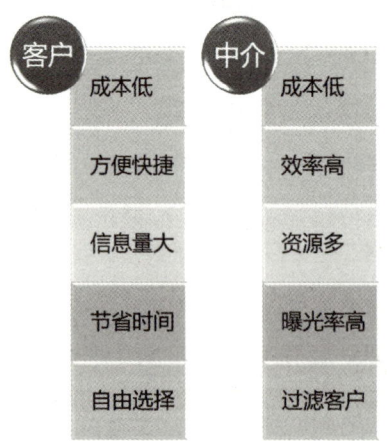

快速启动、快速传播，互联网是没有国界、没有疆域的，可以在瞬间把一件事情传遍全球，可以迅速打造企业品牌，这是传统企业不可及的。网络营销成为赚钱的有力工具。

Chapter 4 十分成交，百分准备：房、客源开发与商圈调查

网络营销的三个原则：

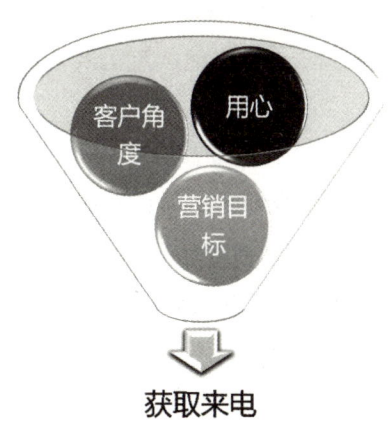

获取来电

作为一名房地产经纪人，开发客户应该永远是你最重要的工作。

通过网络获得客户的联系方式，接下来就是如何电话沟通了。

比如，每天都安排一个小时以上，尽可能地多打电话，但一定要简短。当你拥有客户时，客户对你也了解了，你要做的就是争取和他见面，开发客户并让他认识你的公司。

那么，如何开发客户呢？

在开发客户的过程中，作为房地产经纪人，你要永远记住两个字：专注。如果你每天把时间浪费在没有生产力的地方，那是没有效益的。也就是说在开发客户时，你一定要专注于准备好准客户名单后再打电话，想好你要说的话，避开电话高峰时间进行销售。

因为在开发客户的过程中，不能在电话里和客户讲到你所售楼盘的细节，也尽量不要提楼盘的具体价格。如果你经常早上打电话给一位客户，但是没有一次早上打得通，你就要变换给他打电话的时间。

当你通过电话与客户联系以后，你要把他区分为 A、B、C 三级，即最佳客户、好客户、比较次等的客户，要把你的客户资料整理得井井有条。

房地产经纪人都需要通过电话来联系业务。那么，电话业务是每个销售人员必须面临的问题，如何选择合适的时间给客户打电话，这里面是有学问的。选对时间，就会事半功倍。

选择正确的时间，生意往往更容易谈成，那么，如何避开生意不太好的时间段呢？

我们先以一天时间为标准，看看房地产经纪人如何较合适地选择与客户联系的时间。

在销售行业，存在这样一个错误的观点：

上午8点到10点，这段时间是客户刚刚上班的阶段，大部分客户会紧张处理一天之中的紧急事务，这时即使接到销售人员的电话也无暇顾及。所以，才有了销售行业流行的那一句话，"生意不好的时间都在上午"，这句话其实有些以偏概全了，为什么这么说呢？

我们来分析一下，人们在刚上班的时候，首先会处理一些比较紧急的事务，或者先梳理一下一天工作的流程或工作计划，谁也不希望这段时间被打扰。一般10点之后，到11点半这段时间，客户基本事情处理好了，这时候工作也不是很忙了，所以说这段时间才是销售人员拨电话的时间。

从11点半到下午1点是午餐时间，房地产经纪人切记：在这个时间段，除非有紧急事情，否则不要给客户打电话。而从下午1点到3点，这个时间段人们比较容易烦躁，特别是在炎炎夏日，所以，房地产经纪人不要在这个时间段去找客户谈生意。下午3点到5点，销售人员努力给客户打电话吧，这段时间是创造业绩的最佳时间。

接下来，我们以一周的时间为标准，房地产经纪人该如何选择时间来联系业务呢？

星期一是一周的开始，是双休日结束后的第一天，通常这一天每家公司都会比较忙，客户会有很多事情要处理。在每周一的上午，一般公司都会开一些比较重要的会议，布置一周的工作，所以大都会很忙碌。并且上班族刚刚从周末的放松回到了紧张的职场当中，重新进入工作的状态，也最不喜欢这一天，所以不要太早做电话拜访，因为你花很多时间却得不到很好的业绩。

如果确实找客户有急事，应该尽量避开上午的时间，选择下午会比较好一些。

星期二到星期四，是正常的工作时间，也是联系客户最合适的时间。房地产经纪人应该充分利用好这三天的时间,因为你的业绩好坏,关键就看你能不能把握住这关键的几天。

星期五是一周工作的最后一天,是收尾的阶段。这时候如果房地产经纪人打过去电话,多半会得到这样的答案:"等下周我们再联系吧!"当然,销售人员可以联系客户,做一些调查或预约工作。

(3)网络房、客源的开发

网络房、客源的开发渠道:网络房源能帮助我们很好的吸引客户,网络发布求租或求购信息吸引业主或发房源吸引客户,搜房、58同城、赶集、安居客、新浪、焦点等。

网络营销主要选择的网络平台:

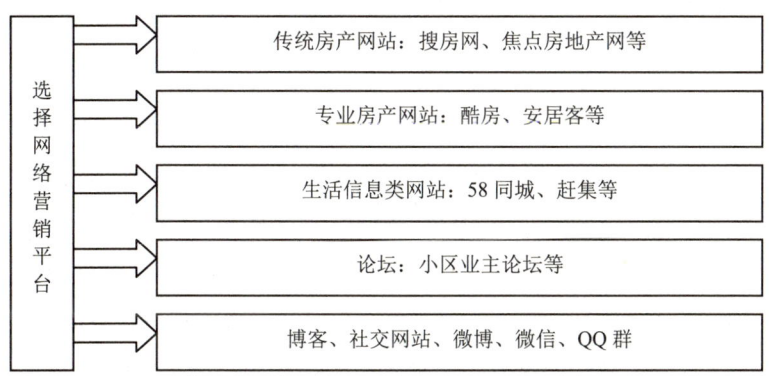

网络房、客源开发的目的:获取房屋详细地址;赢得房主信任,获取委托;请求实勘、带看。

网络房、客源开发的要点:表明自己手头有许多客户想要这样的房子;不要忘记自我营销,让房东记住你;约实勘或带看,至少要做好铺垫。

（4）网络营销的关键要素

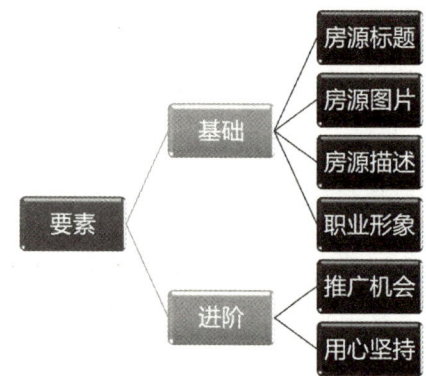

第一，房源标题撰写技巧：深入了解该房源，写出该房源信息的亮点、卖点以及特色，吸引网民点击；突出价格优惠性价比，吸引要求"价格便宜"的网民；善用问句表达方式，问句容易让人思考，思考让人目光停顿才能产生点击；多用数据，数据容易吸引人注意。

第二，房源标题撰写建议：务实切忌过度，挖掘核心优势，新颖吸引眼球，图文并茂，不要价格超低，标题符合规范，言简意赅（20字以内）。

第三，真正的好标题：首先，突出卖点肯定是王道，如何总结卖点，什么才是真正的卖点？其次，要避免同质化，尽量避免雷同，换种说法大不同，有意识地包装，适度夸张。最后，要避免废话。

第四，房源图片的具体要求如下：

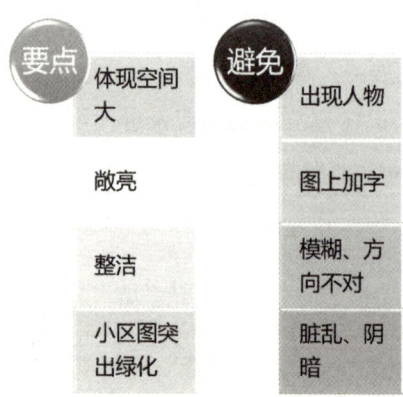

第五，房源描述的原则如下：

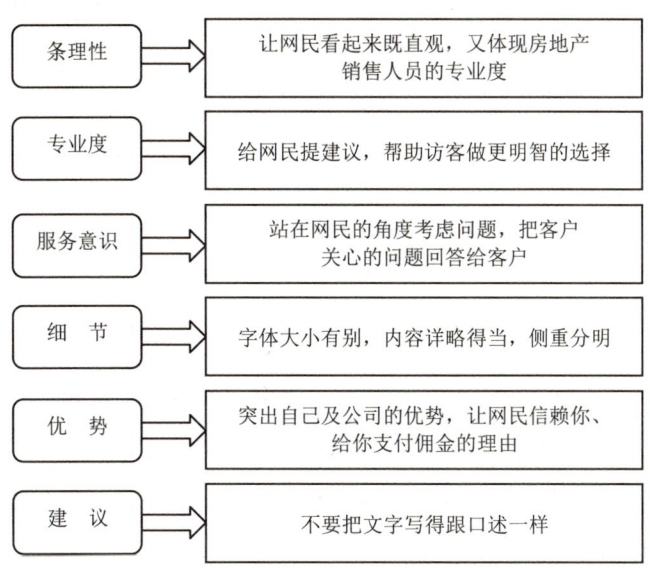

第六，房源描述的内容。

小区特色介绍：包括小区环境、交通、配套、生活设施、会所、停车场等方面，简洁明了；不要简单抄袭楼盘名称，要以自己房地产经纪人专业的眼光对其优势进行分析解读。

房屋情况介绍：房屋情况包括房源业主出售该房的心态、原因、房源面积、房源房龄、房型、楼层、位置、景观、装修、配置、房源价格分析（总价、单价、每平米价格）等。

房源税费介绍：因为房源信息是给买房人看的，所以比较重要的是帮助客户清楚地计算其税费情况，以此显示你的专业度，让客户更加信任你。

其他类似房源推介：直接推介一些类似房源，给客户更多的选择。只要讲清楚了房源的优点，体现自己的专业度就可以了。

注意要点：表达房源内在特点时要突出重点。

第七，房源描述经验总结：卖点、卖点、还是卖点；简明扼要介绍自己和公司的优势；条理清晰，具体详尽；排版注意用户阅读体验，多分段；善用颜色和字体，但不要太花哨；尽量发挥你的聪明才智。

第八，房源描述推荐结构，包括：宣传语、公司简介、品牌简介及个人简介、卖点说明、房屋详情介绍、小区简介、其他（相关房源链接、网店链接等）。

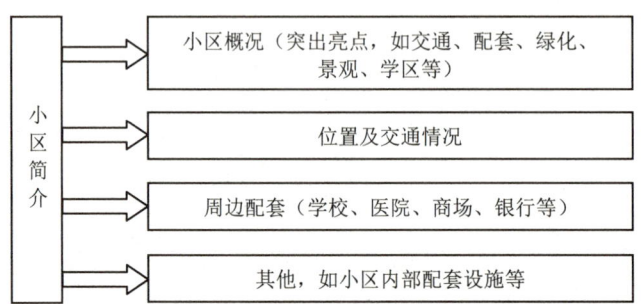

第九，职业形象，包括：头像照片，关键是要体现专业和亲和力，可以使用大头照、工装照；店铺装修；公告、个人介绍等；从你的个人职业形象能够看出来你是否专业和用心。

第十，刷新。

刷新的作用：绝大部分网站按刷新时间排序，最近刷新的排在前面。

刷新的分类：批量手动、单条手动，批量预约、单条预约。

优先使用手动刷新；预约刷新用于应急，最好不超过50%。

刷新技巧：少量多次，分布全天。保持房源新鲜度，每日新增房源3套以上。

每日用户上网高峰期集中在15:00/11:00/14:00/16:00/10:00/9:00，如下图：

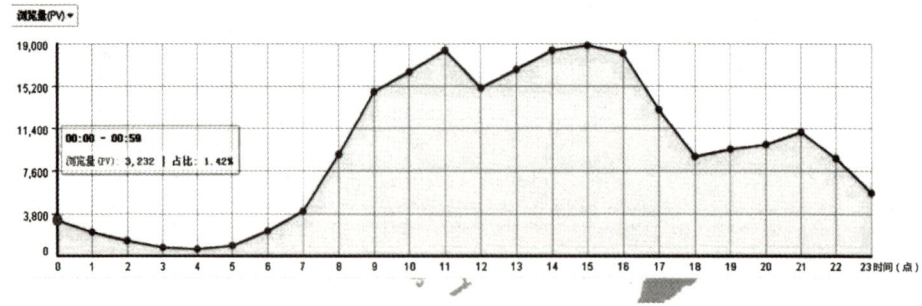

5. 房屋实勘与获取委托

对于从事房地产销售的工作人员来说,实勘与委托是业务流程中的重要环节。

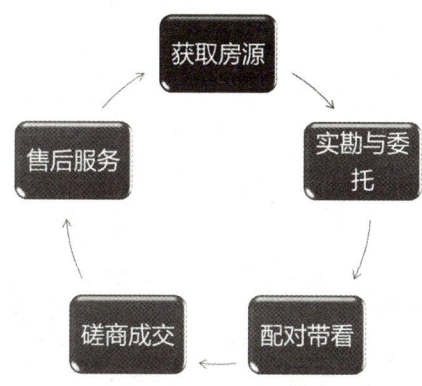

实勘是为了对房源有更加清楚的认识,对房子优缺点做一个全面的了解,以便用最短的时间卖出去。实堪工作对房地产经纪人是很有必要的,而不是根据客户的描述,把同一小区内差不多户型房子的照片发到网上去,避免在带看中因为照片与现实的差距,造成一些不必要的损失。

(1) 房屋实勘的意义及具体信息

通过实勘获取业主房子产权的准确信息,了解业主的性格特点,以及他最低的心理价位,能够准确地安排看房路线和时间,为房地产经纪人的精准销售做准备。

房屋实勘的意义及具体信息:

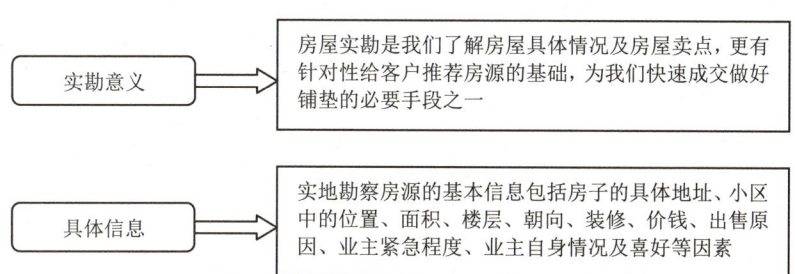

（2）实勘话术

话术一：

我们有些客户经常不方便看房，我拍几张照片传给他们，若觉得差不多再来看房子，这样也不浪费您的时间，更不打扰您的正常生活。

话术二：

为了更快帮您把房子卖/租出去，我们去您家实地看一下房子，这样给客户推荐的时候更准确，您说是吧？

话术三：

我一会儿有时间去咱们小区见客户，正好去您那里，咱们见面沟通。您看下午4点方便还是6点更合适？

（3）房屋实勘的准备

房屋实勘的目的在于：确认所收集的房源信息的真实性和有效性；通过面对面的交流，争取获得更多与房源相关的信息；与业主建立良好的信任关系；通过沟通，让客户感受到房地产经纪人的专业性。

实勘前，房地产经纪人应初步了解房屋基本信息并提前与业主预约看房时间。另外，准备工具不能少。所谓"工欲善其事，必先利其器"，就是这个道理。房屋实勘的常用工具包括：测量工具、计算器、笔记本、小礼品、照相机、鞋套、名片、《物业勘察评估表》等。在出发前应再次和业主沟通确认看房时间和到场人数等。

（4）房屋实勘流程

房屋实勘中，房地产经纪人要注重自身形象：递交名片、自我介绍树立自我和公司良好形象；主动穿鞋套，不随意翻动业主物品。

房屋实勘的流程如下：

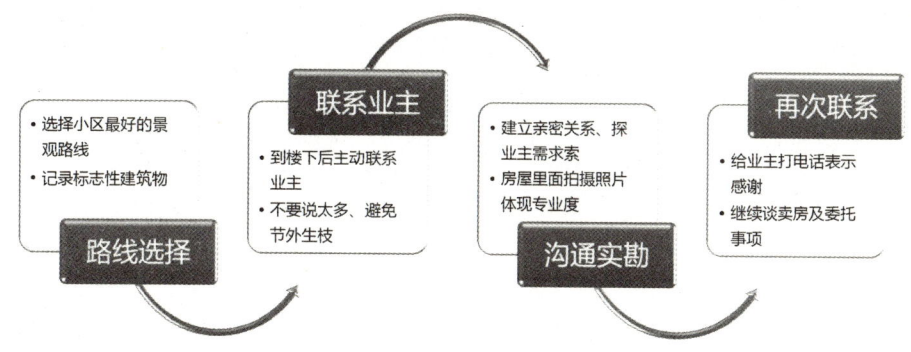

第一步，细查。

房地产经纪人在实勘中，细节记录很重要。有迹可循，有案查知，明确房屋相关信息：户型、格局、装修、墙面、水、电、燃气、暖气。如发现改动，了解原始格局；了解房屋实质性卖点；装修是否有改动格局（门的位置等）；是否有阴潮、透寒、漏雨等。

细节决定成败，房屋"三看"不能少：

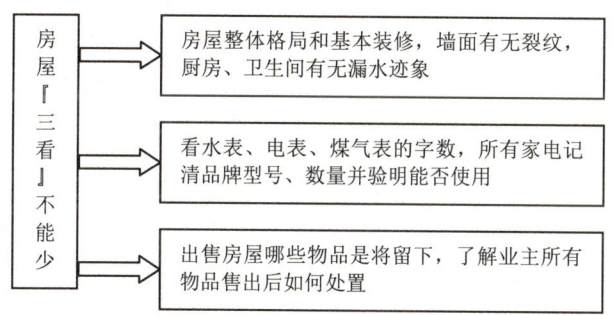

第二步，拍照。

房屋实勘中，拍照必不可少。房地产经纪人要明确拍照要求：

标准数量：不少于6张。

角度：小区、本楼外观、厅、卫生间、厨房、功能性房间。

拍照前：事先征得业主同意，耐心告知业主拍摄相片的各项好处；温馨提示业主拍摄时需要注意的各项事宜；特别提醒业主保持房屋整洁。

拍摄中：采光要充足，特别注意取景角度；避免有人入镜，拍摄卧室、客厅时需要照到窗。

拍摄后：适当调整照片亮度，适当调整以及裁剪照片。

第三步，询问。

实勘询问包括：采集相关信息，附赠物品，客户入住时间，物业等相关费用，带看时间，贷款相关事宜。

第四步，核查。

实勘核查的信息包括：核对产权证信息、产权人、契税票的填发日期，以确定征税标准。

核对卖方真实有效的身份证明，确定其是否具有租售权利并填写《物业勘察评估表》；如发现特殊手续，需告知客户提前进行交易资料准备。如没有房屋产权证，可通过物业处得到相关信息或者查看房屋抵押证明等，来确认产权人及相关信息。

（5）房屋实勘后

所谓"好记性不如烂笔头"，房屋实勘结束后，及时整理与总结很关键。

实勘后的整理与总结：

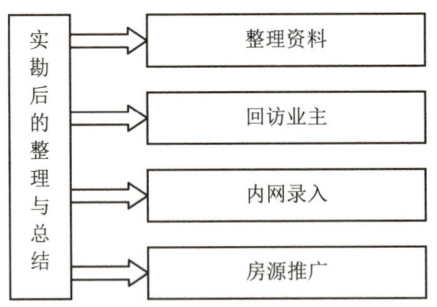

整理资料：照片及户型图，《物业勘察评估表》。

回访业主：定期将推广进度反馈给业主，对业主和房源的变动进行跟进。

内网录入：更新内网中房源信息，上传实勘房源户型图、室内实景照片。

房源推广：区域内同事进行房源推广，及时更换房源板、人字板、外网录入。

（6）获取委托的好处

二手房市场与新房市场不同，不仅买方是普通老百姓，卖方大多数也是普通老百姓。怎样卖房最安全，怎样才能卖个好价钱，是二手房东最为关注的问题。

房地产经纪人如果能获取房东委托，可以有效解决这样的问题。

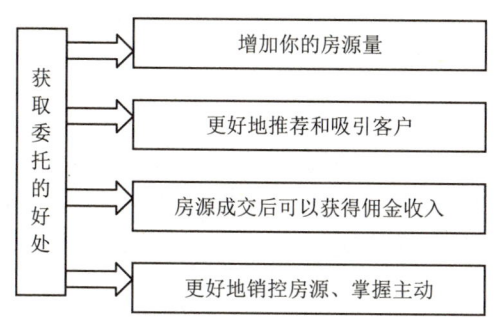

如果获得房东独家委托，其好处在于：

第一，可以让房东省力省心。

有的房东在多家房地产公司挂牌，导致每时每刻都能接到房地产中介的咨询电话，影响房东的正常生活。而独家委托可以避免不必要的麻烦，有专业、负责的房地产经纪人来处理烦琐的事，房东只需要把控价格、付款方式、付款时间就可以了，其他一切交给中介。

第二，可以以比较合理的心理价位出售。

如今客户买房都会浏览各大房产网站，同样的一套房子放给不同的中介，有些中介公司为了吸引客户，故意压低报价，比如150万元的房子，他们可能报价140万元，以吸引客户。客户看到更低报价的房子，便会杀房东的价格。同时，一个房源在多家房产公司挂牌出售，给客户一种急于出售的感觉，客户会抓住房东的这个心理，杀价过狠。而独家委托，因为没有恶性竞争，可以避免这样的情况发生。让房东处于一个有利的地位，才可能卖出一个好价格。

第三，独家委托因为房地产经纪人卖掉房子有利可图。

由于是独家委托，房地产经纪人就会有信心把价格报高一些，也不用担心其他中介抢客户，并坚持房东的底价，顺利地成交。如果不是独家委托，房地产经纪人害怕别人抢客户，就不敢坚持价格。这样损失的还是房东的利益。

第四，增强房地产公司的推荐力度。

独家委托，房地产公司可以用网络、派报、报纸等广告，集公司全体同人的力量来推销这套房子。房地产经纪人在给客户推荐的过程中，也会信心百倍，更有力度，重点推荐这套房子，在最短的时间内将房子卖掉。

第五，避免同行之间的恶意破坏。

有些房地产公司知道有客户看中在谈了，会做出很多破坏的行为。比如，跟房东说有一个诚意的客户愿意出更高的价格买房，只因为家人在外地，需要等几天时间。或者跟客户说房东出价太高，还有比这更便宜的房子。其目的就是将生意搅黄，自己才有机会。这样真正愿意买房子的客户，最后也放弃购买，最后损失的还是房东的利益。而独家委托就可以避免这样的情况发生。因为只有一个中介在谈，别人想搞破坏也没有机会。

第六，影响房东的心理预期。

一套房子在过多的中介挂牌，每家中介公司为了成交，会刻意压低房东的价格，不断地给房东议价，天天议价，人人议价，到最后房东的心理预期就会坏掉，以低于行情的价格把房子卖掉，而独家委托就不会有这样的情况出现。

（7）符合获取委托的条件

适合出售/出租的房产，是获取委托的前提。否则，只会徒劳无功。

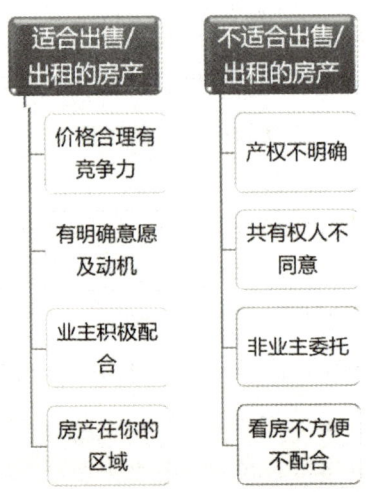

（8）获取委托流程

获取房东委托，需要经过以下三个步骤：

获取委托流程第一步：获取信任。

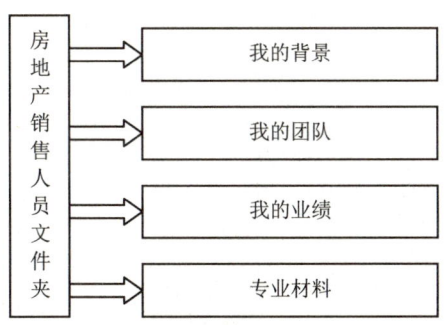

第一，我们店的优势。将你所在的店面与其他店面区别开，充分体现你所在加盟店的优势可以加强业主对你的信任。

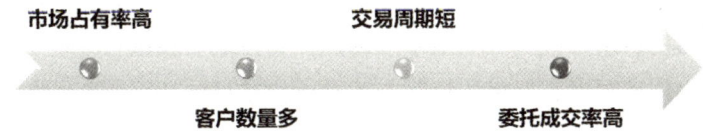

第二，展现你的优势，比如如何体现你的知识渊博、工作努力、随叫随到、资源丰富、感同身受、训练有素、关注细节、责任感强、为人诚实、专攻区域、经验丰富、善于合作等等。

第三，特色和利益。比如，21世纪不动产公司金色服务承诺及服务承诺书，当地二手房代理成交份额领先的国际品牌公司，遍及全球78个国家及中国46个城市的不动产经纪公司……

获取委托流程第二步：房产勘察。

第一，业主信息收集。我们可以通过一些业主的回答，并且提出有效的问题，仔细聆听他们的回复获得以下信息：业主信息、动机、需求、原因、期望价格、时间、经验、体验、服务。

第二，有关房产的信息：房屋基本情况，外部交通及环境，房屋权属及产

权状况，留下物品及费用等，看房钥匙或方便时间。

第三，房产勘察。与业主一起检查房产，做好详细的记录，讨论并列出房产以外的事项，记录房产的状况。

房产勘察后，提出你的建议：

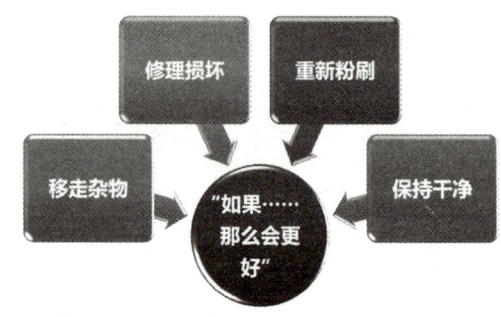

获取委托流程第三步：房产评估。

通过你的市场情况研究工作向业主描述当前的市场状况，帮助业主确定一个有竞争力的价格，并且让业主了解你的营销方法以及策略。

通过实际情况中有关可比性房产的出售价格记录，帮助你对业主的房产进行评估，并确定一个适合销售的价格范围。

第一，可比性房产，包括：同一地区、格局相似、面积相近、风格相似、年代相近。

第二，运用以下方面的信息：小区规模、环境、房屋大小、状况、价格、装修特色、出售条件、时间。

第三，确定适当的价格范围。确定房产价格范围，也要考虑市场供求状况、地区经济状况以及季节等因素的变化，只有不断积累经验，才能掌握综合一切可变因素的能力；房产的价格是由市场决定的，不是由房地产经纪人确定的。

第四，与业主保持联络。向业主讲解房产的销售过程；向业主通报有关市场的活动情况；即使没有什么太大的进展，也要经常给业主打电话；坚持记工作日志以及回访记录。

第五，注意事项：尽量收钥匙。实堪后尽量把房屋钥匙拿回公司；让没有看过房子的同事方便去看房以便推荐更多客户；方便带客户去看房，为成交做铺垫；方便给房主回访联系。

6. 限时速销业务

所谓限时速销，就是业主以限时速销方式将房屋交付中介公司进行出售的行为，公司接到业主的委托后，会根据整个市场的行情，对该房屋定出一个合理的价格，并在业主的认同下，对该房屋进行各种推广手段。

由于采取限时速销，对于业主与公司都会有较高的保障，可以为业主提供更专业的服务，公司也可以更有效地把握资源，有助于成交。

限时速销业务的目的是更好地控制优质房源。

签订限时出售合同时，需向业主支付一定额度的定金，承诺在一定时间范围内将房屋以双方约定的条件销售，如果超期没有销售成功，则公司将承担定金范围内的责任。

（1）限时速销的好处

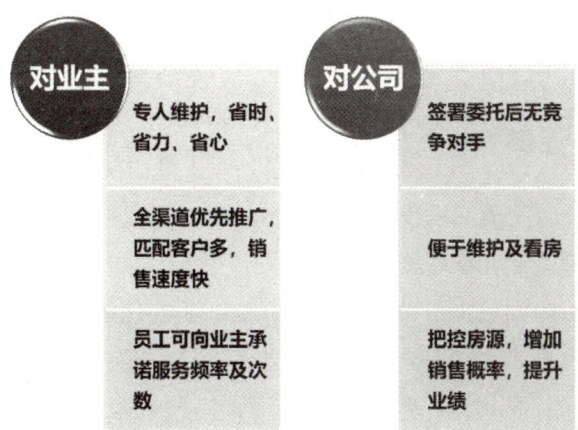

（2）限时速销当前存在的问题

你是否遇到这样的情景：

约看时，因为此房不是独家，客户通过别的公司看过了；

三方谈判时，因代理费客户总说你要不便宜我找别人做了；

客户看完房后，对房源有意向，有跳单倾向，我们没有好的手段把控房源，跟业主的关系也不怎么样；

三方谈判时，总有其他公司给业主打电话说能出更高的价格，业主很犹豫，导致我们签约难度增大。

(3) 限时速销当前的现状

业主对限时速销不了解（限时速销是什么？我们总愿意用我们的思维去衡量客户心理）；

业主怕在我公司做限时速销受局限，影响销售速度；

房地产经纪人认为限时速销有效，但是现实作业中不重视，没有单独制订限时速销目标；

目前公司限时速销业务和非限时速销业务区别不明显；

房地产经纪人签署限时速销委托仅仅是为了分配业绩，不是为了真正给业主销售掉。

(4) 限时速销问题背后的原因分析

房地产经纪人为什么无意识做限时速销？

对限时速销的作用不清楚，认为有难度，做起来浪费时间；根本没有限时速销的意识，针对业主层面不敢要求太多；缺少方法及有效的话术；认为第一时间接触业主的人已经推荐过限时速销了，业主没选就不会再选择了；受过限时速销通过其他公司成交的伤，有挫败感。

业主对限时速销有哪些顾虑？

对限时速销业务形式不太了解，对细节的问题不清晰，房地产经纪人对限时速销解释的也不是太清楚；签了限时速销，担心客户少了；签了限时速销，不能随意涨价了；怕房地产经纪人把底价直接报给客户；房地产经纪人体现出的专业度令人质疑。

(5) 收取方法及需要提供的证件

第一，接待业主的第一时间收取限时速销的方法。

Chapter 4 十分成交，百分准备：房、客源开发与商圈调查

经纪人在接待时应有主动引导业主签限时速销的意识，并介绍限时速销的优势。

房地产经纪人："先生您好，您之前卖过二手房吗？"

客户："没有，头一次卖房！"

房地产经纪人："那我给您介绍一下卖房的两种方式吧！"

客户："哪两种方式？哪种方式更适合我？"

房地产经纪人："一是普通委托，就是在我们这儿登记一下信息，然后所有人都会给您打电话，经常会有重复性的问题，等到真有客户看好房子的时候，也会有人恶意的打压您的价格，对您没有保障。二是限时速销，在公司有您的专属维护人，不会有很多人问您重复性的问题，而且我们也会针对限时速销房源优先在各个房产网站首页推荐您的房子，还有我们的酷房网站，再加上我们店面门口的房源展板以及在社区开发时候的人字板上第一时间呈现。有合适的客户我们会第一时间推荐您的房源，并且我们还会定期地组织区域的集中看房，这样既能不耽误您太多时间，又能在第一时间帮您把房子售出。"（说明：明确告知业主我们有两种销售方式为您销售房屋）

标准动作：展示限时速销销售文件及之前某房产的成功销售计划。

业主提出：签了限时速销后客户肯定就少了。

这点您不用担心，我们公司在本区域有×××多家店铺，规模覆盖周边主要区域，其实我们现在集中精力出售的也都是我们签了限时速销的。（说明：强调公司的规模优势，我们的店面覆盖率那么高，我们卖掉的概率远远大于其他公司）

因为这样的房源我们卖着更放心，如果您出售过房子会发现，不是一家委托的那种，快到出售的时候会有很多其他公司的电话恶意抬价或打压价格等情况，这样会错过最佳售房时机。签了限时速销我们会把这些意向的客户做排序选择最适合咱们要求的。（说明：避免恶意竞争错过合适客户）

当然我们肯定是希望能给您卖得价越高越好。因为我们的服务费也是拿您的房屋总价乘以我们的点数呀！（说明：跟业主一条心）

我们集中精力出售独家房源的原因是限时速销委托的房产在我们公司是主推房源，我们会把所有资源倾斜到限时速销委托房源上，如广告宣传力度和

客户优先匹配,所以不但客户不会少反而会更多。(说明:公司资源倾斜)

第二,实勘的时候推荐限时速销。

房地产经纪人在实勘的时候携带"销售计划书",再一次跟业主耐心地介绍限时速销的好处以及我们营销的模式。

房地产经纪人:"这是我们公司专门为您的房子量身定做的销售计划书,您跟我们签完限时速销后我们会把这上边的所有服务内容全部落实,但是如果您不签限时速销,那我们只能按照普通房源来销售,那么销售时间肯定会延长。"(说明:有计划的售房,全方位推广,提升业主感受)

标准动作:展示限时速销销售文件及之前某房产的成功销售计划。

第三,带看的时候推荐限时速销。

带看见到业主的时候:

房地产经纪人:"最近看房的时候您是不是经常来开门,有的时候您前脚刚刚走,后边又有人要求看房,带看时间不集中肯定会影响您的工作,如果签了限时速销,您的专属委托人会组织集中看房人,让客户尽可能地同一时间段来看房,既能节省您的时间又有利于促进客户的成交。"(说明:签限时速销后专人组织集中看房节省业主时间)

标准动作:再次送达限时速销说明书及展示限时速销销售文件和之前某房产的成功销售计划。

出示服务承诺书进行销售动作的讲解。

第四,维护房源的时候推荐限时速销。

针对报盘多日未签署限时速销并且带看较少或无带看房源。

房地产经纪人:"您的房子报盘有一阶段了,还没有成功销售,您是否考虑我们另外一种销售方式限时速销委托。这样我们所有房地产经纪人都会关注到您的房子,并且全方位推广,而且还会有专属您的房源维护人,会给你制订详细的售房计划比如集中看房等。"(说明:强调限时速销和非限时速销的区别,会有更多人关注,加快售房速度)

标准动作:再次送达限时速销说明书及展示限时速销销售文件和之前某房产的成功销售计划。

第五,限时速销的具体要求。

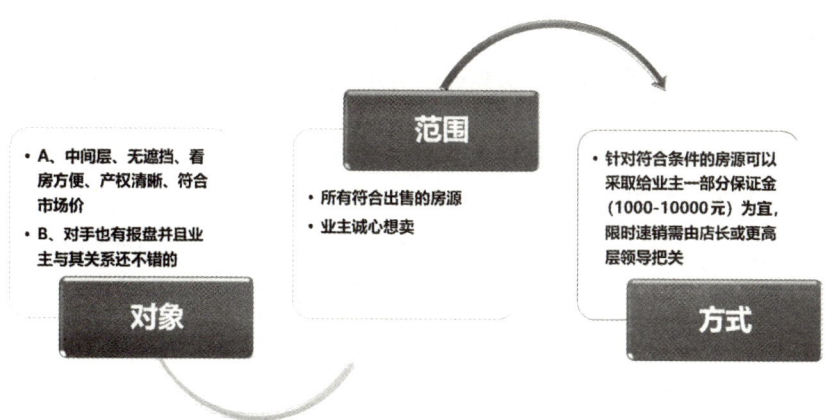

第六，签署限时速销需准备证件。

第七，签署限时速销后对业主的标准动作。

承诺 24 小时内在酷房网站及时发布信息，并通过各大网站如新浪、焦点、安居客、搜房，其他展示渠道如橱窗、展板等发布信息进行推广；

承诺每周至少对本房组织 2 轮以上带看，每次带看后当日由签约人给您反馈；

承诺由专属委托人每 3 天给您电话反馈一次，汇报我们对您房屋的销售进程；

承诺每次带客户看您的房都使用鞋套，并且每次带看后协助您对房屋进行一次基本清洁整理；

承诺员工不在房屋内吸烟、擅自使用卫生间、随意丢垃圾、屋内大声喧哗等；

承诺如遇天气突变，我们负责给您关窗户及检查水、电、煤气、下水道的安全；

承诺全程陪同办理上市手续，免费对房产的税费进行核验；

承诺如您再有购房需求，免费为您办理购房资质审核且协助您把控交易风险。

（6）限时速销后的注意事项

限时速销房源应该打上聚焦标签，第一时间给客户推荐限时速销房源；

只要业主没签限时速销的，每次和业主接触都要推荐此业务；

及时送达销售计划书；

限时速销委托协议填写的规范性，如面积、价格、收据；

限时速销委托协议填写的完整性；

限时速销收取后跟访的及时性；

限时速销收取后第一时间在多网络呈现；

注意留存好限时速销的所有证件和资料；

注意收集业主在限时速销后的需求和建议。

附：大君导师中介服务点拨

客户是房地产经纪人的"衣食父母"。世界著名的推销专家乔·吉拉德，整日带着一堆名片到处分发，曾经创下一星期递出500张名片的纪录。他的目的是随时随地寻找潜在客户。调查表明，许多房地产经纪人离职的最主要原因是开拓的客户数量少，所以，对客户的开拓工作应是一种持续性的行为。房地产经纪人只有不断开拓新客户，才能不断扩大自己的客户群，不断增加自己的财源，为成功之路奠定基础。

客户是房地产经纪人的立足之本。房地产经纪人的经营对象就是客户，而客户从某种意义上完全可以说是房地产经纪人的立足之本。客户开拓是房地产经纪人从事二手房买卖与租赁，并走向成功的起点，也是其争创业绩与挣得丰厚收入的第一步。可以说，房地产经纪人有能力开拓越多的客户就意味着越富有。

Chapter 5

房地产经纪人要懂得客户购买心理

房地产经纪人在推销的过程中要充分了解客户的心理,这是促成生意的重要因素。大家可以留意一下优秀的销售员在销售过程中,是不是靠拼命说才可以销售出去呢?其实他们只是抓住了客户的购买心理。

1. 你真的了解你的客户吗

作为房地产经纪人,要树立正确"客户观":

热情,友好,乐于助人;有礼貌,有耐心,有爱心;提供优质快捷的服务;仪容得体,外表整洁。

记住客户偏好,关心客户利益,竭力为客户服务,耐心倾听客户意见和要求,帮助客户做出正确选择。

掌握房地产知识,置业居家生活方面的专家,知识渊博,和客户建立起朋友般的关系。

充分了解买家、卖家的五种类型：

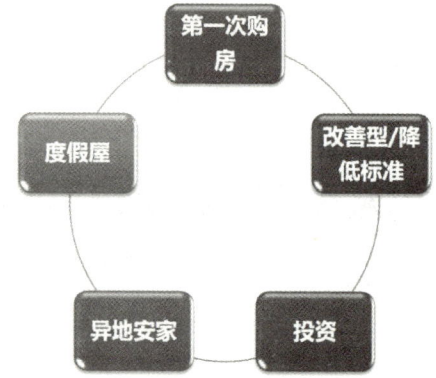

第一次购房者的特征：

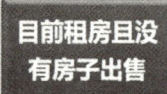
目前租房且没有房子出售

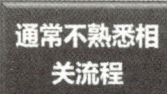
通常不熟悉相关流程

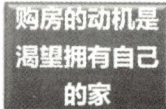
购房的动机是渴望拥有自己的家

改善型/降低标准购买者的特征：

1. 目前是业主
2. 在住房需求和财务方面有变化
3. 可能是基于实际需求或情绪的决定
4. 可能正在找不同地点、大小、便利或物业品质

投资者的特征：

- 正在找收益、增值或避税
- 希望你在此有足够知识
- 多为老板或高收入管理人员
- 多重交易的机会

异地安家者的特征：

度假屋购买者的特征：

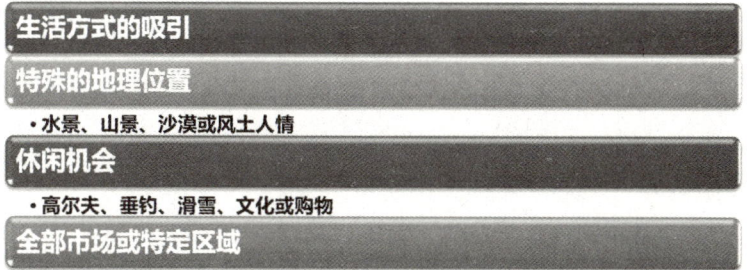

作为一名优秀的房地产经纪人，挖掘和梳理客户的需求，摸清客户的购买心理，是一件非常重要的工作，也是非常烦琐的过程。在这个过程当中，会产生很多的沟通障碍。

买卖双方信息的不对称，以及实际价格与期望价格之间的差距等问题的存在，在买卖过程中，客户有可能对销售人员存在提防心理，不愿意说出自己的真实想法；或者客户认为自己已经把需求表述得很清楚了，但是销售人员没法准确理解自己的意思，而销售人员也觉得委屈，根据有限的条件，无法准确判断出客户到底需要什么样的房子。

比如，客户简单明了地告诉房地产经纪人，自己需要总价低、交通便利的房子，这个要求听起来很简单。于是销售人员根据客户的要求，为他匹配了好几套房源，然而，客户看完之后并不满意，甚至质疑你的工作能力。

面对客户的质疑，你需要审视自己，问自己这样几个问题：

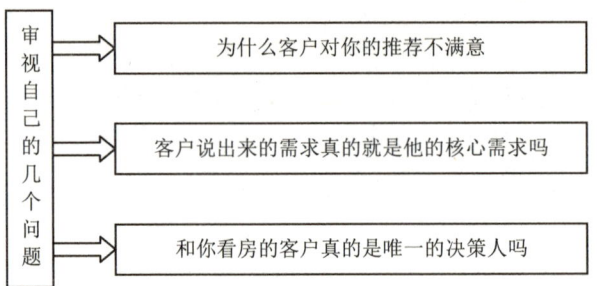

有些客户，你苦口婆心讲了一大堆道理来推销你的房子，但是到头来发现对方"不当家"——没有购买的决策权，只好以失败收场。房地产经纪人在定位目标客户时，一定要先弄清楚决定权在谁的手上，否则你可能会白费功夫。

我们来看这样一个案例：

一个年轻的小伙子带着他的女朋友和父母、姐姐五个人一起去某楼盘看房，销售人员热情地接待了他们。经过一番介绍、观看、商量之后，其中四个人对房子的户型、面积、装修、设计等都很满意，似乎就要成交了。这时候，坐在一旁一直没有说话的父亲突然说："到其他楼盘看看，对比一下再说吧！"

他们一行人只好起身离开，对比再做决定。

在这个案例中，房地产经纪人最大的失误在于忽略了一家之长——父亲，导致在整个销售过程中没有参与进来的权威者，也就是具有最高决策权的父亲对这次销售产生了破坏效果。

了解客户的购房需求，只根据客户的几句话是远远不够的。

客户的需求，一般分为显性需求和隐性需求。显性需求比较容易挖掘，只需要客户回答销售人员的几个问题，就可以知道大概；而如何挖掘隐性需求，则需要房地产经纪人具备一些工作经验，通过察言观色，留意客户的一些看房细节，通过总结提炼，得出结论。对客户的需求了解越多，匹配就越贴切，客户的体验才能更优质。

对于房地产经纪人来说，要根据房子的位置、价格、面积、朝向、居室、设计等信息，全方位考虑客户的核心需求。

了解客户的核心需求，需要从以下几个方面入手：

（1）急切程度

不同的客户，对购房的急切程度是不一样的，比如有的人结婚，需要新房；有的人给孩子上学，为了学位需要买房，那么他们购房往往比较急切。对于着急买房的客户，销售人员应该更积极主动一些；对于不急于买房的客户，销售人员可以采取比较宽松的接待方式。

（2）工作单位

有些客户购房的动机是为了方便工作。所以在选择购房区域的时候，除了考虑资金能力之外，把房子的位置与上班地点的远近作为重要的考量因素。对于朝九晚五的人来说，房子当然离得越近越好；对于从事销售工作，或者自由工作者，不需要坐班或者不用天天坐班的人来说，会看淡一些房子的位置。

（3）决策人

管理学大师德鲁克认为：不仅要正确地做事，还要做正确的事。找到具有决策权的客户，这就是房地产经纪人应该做的正确的事。

只有定位潜在客户中的最高决策者，真正具有实际意义的销售沟通才可能开始，并且最终实现销售目标。同时，销售人员还要注意那些非最高决策者的影响力，因为他们对最高决策者的购买决策有一定影响。

谁的意见最重要，最后拍板谁说了算？了解这些信息，在临门一脚成交的时候，你才能踩在点上。

（4）现居住情况

准确了解客户的需求，还需要了解客户当前的居住情况。比如，家里有几口人，有没有小孩，孩子多大，客户对当前的居住情况和居住环境不满意的地方，这样房地产经纪人再给客户匹配房源的时候，才可以更精准。

（5）购买力

你的客户很喜欢一套房子，不管是房子的区域、面积、居室、方位等，但是客户没有这么多钱购买，那么，你觉得这笔生意能成交吗？

由于当下某些城市的限购政策，有购房能力没有购房资格的人群确实存在，但是，有购房资格，并不代表有购买力，它制约着客户能够买哪里的房子，多大的房子。你喜欢的房子，你不一定买得起，所以销售人员不仅要了解客户的购房动机，更要了解客户的购买力。

2. 你的客户从哪里来

业务开发，离不开人脉。

熟人圈，也就是我们的人际关系如下图所示：

为什么你的熟人是个很好的开始？

不要忘记任何人,每个月你的熟人应该增加,不要只是告诉你必须问;日常的联系和跟进是有必要的,持续积累你的熟人数据库。

(1)从你的熟人开始

你如何开始?

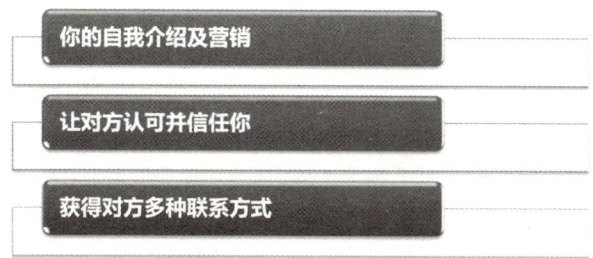

(2)业务发展——主动 vs 被动

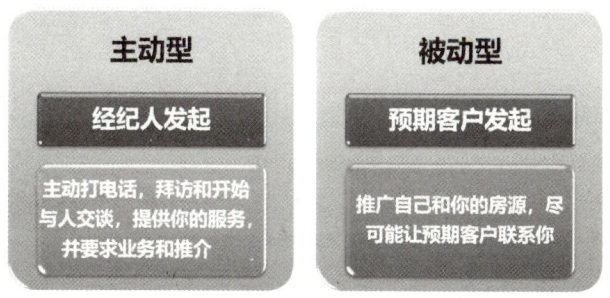

主动型和被动型如何寻找潜在客户:

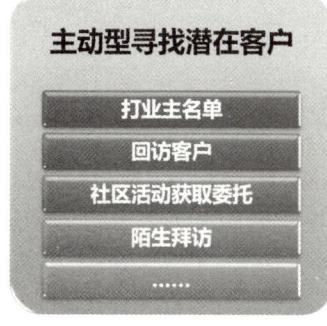 

你想取得好的业绩取决于：你可以联系沟通多少个客户；或是你拥有更高价值的客户质量。

避免被动型寻找潜在客户的依赖性。

（3）买家或卖家

你更愿意做买方代理还是卖方代理？

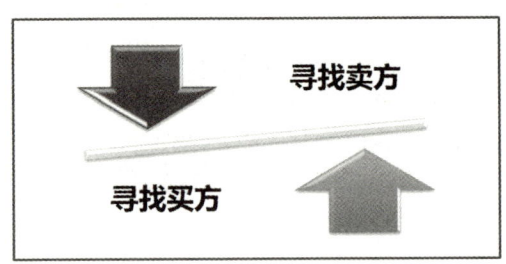

为卖方工作的好处：充分控制时间；更高的收入；可操控，方便销控；房源吸引买方；"得房源者得天下"。

为买方工作的好处：更快获得收入，成就感、满足感，迅速获得客户信任和再次置业客户。

寻找潜在客户的准则 5 步骤：

3. 客户性格是打开通往成交的大门

世界上没有完全相同的两个人，在相貌、性格、肤色等方面都会有差别。我们的房地产经纪人就应该准确抓住客户的性格，了解客户的性格。要知道，了解客户的性格和了解房子的功能、特点、卖点等信息同样重要。

对客户性格的了解,主要是通过沟通来实现的。了解了客户的性格,就能根据不同性格的人,进行相应的对待。只有了解了客户的性格,才能争取一招制胜。

(1) 小心翼翼,你要更细致

小心翼翼型的客户,在交谈的过程中会非常认真仔细,对房地产经纪人说的话都用心听,用心想,稍微有一点不明白他们都会提出问题,生怕稍微有疏忽而上当受骗。但是正是因为他们的心比较细,签单的概率反而比较大。

应对策略:跟着客户的思维节奏走,尽量将你要表达的东西讲清楚,讲透彻,多举一些例子来增加客户的信心,强调产品的附加值及可靠性。

(2) 犹豫不决,给客户提建议

犹豫不决型的客户,一般没有什么主见,情绪也不稳定,忽冷忽热。

应对策略:对这种类型的客户,销售人员最好果断地为他们做出判断。用一些具有强烈暗示性的话语来提醒他们,让他们感受到如果现在不买将来会后悔的,以此来激发他们的购买积极性。

(3) 滔滔不绝,善于倾听客户的心声

滔滔不绝型的客户,天生话就很多,就算是一些鸡毛蒜皮的小事,他们都会放大来说,也不管别人是否愿意听,只管他自己嘴上痛快了就行。

应对策略:对这种类型的客户,不妨就让他们尽管说,等到他们说累说到高兴为止,房地产经纪人只管做一个听众就行。而后在听的过程中需要把握好时机插入对产品的介绍,适时促成销售。

一个有经验的销售人员会很认真地倾听客户的谈话。这不是浪费时间,这是一种很有价值的倾听方法。花点时间倾听客户的谈话,你可以在了解客户的需求和意见之后,来为客户推荐房源,改进服务。这样,不仅使得销售工作的效率大大地提高了,还会给客户留下良好的印象。

(4) 贪小便宜,让客户感觉占了便宜

贪小便宜型的客户,总是希望花最少的钱,买到最好的房子。当房地产经纪人在对这类客户做房产介绍时,他们一般不会给销售人员面子。然而,当他

们一旦感觉占了便宜时,对销售人员的态度会立马改变。

应对策略:销售人员在向这类客户推销过程中,不妨想出一些优惠的方法,比如"现场签单额外打九九折",或者让客户感觉具有很大吸引力的举措,让客户觉得有便宜可占,成交就变得顺理成章了。

其实,"便宜"和"占便宜"有本质的不同,便宜是物美价廉,而占便宜是一种心理感受,是客户购房时一种普遍存在的心理倾向。如果感觉有便宜可占,就特别容易吸引贪小便宜的客户。

经常看到售楼处"周末大放价""黄金周特惠""现场九九折""一口价单元"等促销信息,总能招揽一批贪小便宜的客户,他们感觉占了便宜很开心。这给房地产经纪人提供了很多成交的良机,可以用优惠的价格来吸引他们,达到成交的目的。

(5)寡言少语,用提问代替等待

沉默寡言型的客户,一般在与房地产经纪人的沟通过程中,不会主动说很多话,而是仔细倾听销售人员的楼盘讲解。就算是提出问题,一般都是想要更多地了解楼盘资讯。这类客户比较沉默,并不是因为他们对于我们售楼兴趣不是很大,而是因为他们心里带着许多疑问。

应对策略:房地产经纪人要简明扼要地介绍房子的诸多优点,而且要告诉客户所享受的折扣服务,先激发出客户的购买欲。房地产经纪人要尽量减少客户对你的不断发问,而要反其道而行之,用开放式问话,把客户带到销售的氛围中。

(6)脾气暴躁,用平常心对待

这类客户的忍耐性特差,一旦感觉有一点不满意,就会立即表现出来,房地产经纪人在与其交谈中随时都会闻到火药味。

应对策略:房地产经纪人只需要用平常心来对待,不能因对方的盛气凌人而屈服,绝对不能拍马屁,采用不卑不亢的言语去感动他。

(7)无所不知,表示肯定和赞成

这类客户缺乏谦卑,总觉得自己就是最好的,喜欢用高傲的姿态对待房地产经纪人,认为他自己什么都知道。

应对策略:房地产经纪人应该对客户说的话表示肯定和赞成,应该告诉客户这种户型的优势与客户的密切联系在哪里,不要直接批评客户。

(8) 世故老练,最佳的分析讲解

这种类型的客户说话办事一般都很世故圆滑,他们会显得非常老练,对房地产经纪人的介绍一般无动于衷。这类客户让很多销售人员束手无策。

应对策略:这种类型的客户虽然话很少,但是心里很清楚,比谁都有一套。我们要仔细观察他们的一举一动,用最佳的分析讲解来引导客户购房。

(9) 争论辩解,你的态度一定要诚恳

这种类型的客户喜欢与销售人员唱反调,喜欢搬出理论,讲大道理,以此来显示他的能力。有时明知自己是错误的也要和你争辩,直到实在辩不过去嘴上还是不服输。

应对策略:先承认对方的一切说法,不要顶撞,你的态度一定要诚恳,让对方觉得你乐于听他的辩解,以博取对方的好感。当对方觉得在你面前有优越感时,又对你的产品有一些了解,他常常就会购买,与之交流时要少说多听,要说就要切中要害,一针见血,要能够刺激对方的需求性。

(10) 虚荣心强,多给他成就感和肯定

这种类型的客户一般都是死要面子的,既自大又自负。他们为了满足其虚荣心,喜欢撒谎欺骗,他们喜欢得到别人的赏识与赞扬。

应对策略:多讲解房子的品质,最适合他这种高层次的人使用,多给他成就感和肯定,他们都喜欢别人的奉承,切不可揭开他的老底。只要顺着他的心理,对他多一份认同,他就会对你产生信任。还要多讲解选择房子之后带来的感受和优越感,这样你卖的房子才有可能让这群人接受。

性格是人际交往的第一要素。不同性格的人所结交的朋友是不一样的,因为不同性格的人所喜爱的东西不一样,产生的对应的心理状态也就不一样,对人际交往的需求也会不一样。

因此,房地产经纪人若要与客户搞好关系,就要了解客户的不同性格,在

与客户进行交往的时候,才能兼顾各种不同的性格,避实就虚,投其所好,以达到成功赢得客户的好感,建立起牢固的关系,最终为房子的成交打下基础。

4. 客户五层内需的拉动技巧

有人可能认为,房地产销售工作,就是为客户提供各种便利,是为客户实现利益的一份工作,事实果真如此吗?

房地产经纪人若要服务好客户,将房子顺利地销售出去,就要寻找到客户的利益点,以此作为客户服务的关键点,将企业产品的特点与客户的利益点联系起来。

每一个客户的购房动机不同,对房子的需求或多或少都有些不一样,特别是一些特殊的客户,需要特殊的利益,这就是客户的特殊需求,这就是客户不同的利益点。

"客户最关心的利益点在哪里?"这是每一个房地产经纪人最应该关注的重点。找出客户的利益点,你的推销工作犹如行驶在航线的船只,不会茫然前行。

客户最关注的利益点,其实是有层次的。根据马斯洛理论,把需求分成生理需求、安全需求、爱和归属感、尊重和自我实现五类,依次由较低层次到较高层次排列。

这样就对应客户购房的五层内需,也就是不同层次的客户最关心的利益点之所在,这样销售人员才能有效地介绍房子,拉动销售并提升业绩。

(1)居住:满足客户的生理需求

对城市家庭来说,房子越多,房子的居住功能就越淡,房子是划分社会阶层的尺度和投资的手段,并且承担着重要的社会保障功能。越是大城市,这些特征就越明显。比如:

房子的方便性:上班、上学、购物的方便性。

居住品质:安静、舒适、空气新鲜、大户型、多功能。

现代化程度:智能化住宅、电子监控系统、远程抄表、宽带等设备配套。

安全性：物业水平、保安设施、大楼管理员配置、住户都有一定水准。

不过，房地产的附加功能，都是在居住功能基础之上的。换言之，如果房子自己不住，或者租不出去没人居住时，这些附加功能就会土崩瓦解。所以，一方面我们看到房价在持续上涨，一方面唱衰的声音一直不绝于耳，天天有人在喊房地产会崩盘。

（2）服务：满足客户的安全需求

因为一个服务较好的企业会吸引客户络绎不绝地前来，服务也是你找出客户关心的利益点之一。

服务分为交易中的服务和售后服务，在房地产销售的实践中，因为服务好而成交的比比皆是，因为买房的人都想找到一家靠谱的房地产中介，以免上当受骗。服务可以满足客户的安全和安心的心理。

（3）兴趣、嗜好：让客户找到爱和归属感

根据不同人的特点，具有不同的兴趣和嗜好。

很多客户将自己的兴趣、嗜好与所购买的房子结合在一起。根据这一点，只要房地产经纪人能够抓住这种心理需求，就一定能够让客户与公司双方受益。

（4）生活品质：客户渴望被尊重的心理需求

有些人比较注重生活质量，同时会拿出很多时间和精力去享受生活，比如健身、旅游、听音乐会、打高尔夫球等，他们本身就喜欢顶级豪宅这样的产品。针对这些客户，房地产经纪人不妨从此处着手试探潜在客户最关心的利益点是否在此。

"奔驰汽车""劳力士手表""香奈儿包包""爱马仕腰带"等等，虽然是不同的商品，但它们都在满足客户象征地位的利益。对于房子整体形象的诉求，最能满足个性、生活方式、地位显赫人士的特殊需求。

如何彰显你的社会地位？你所购买的房子附近都是政商名流居住，能代表个人的社会地位。

（5）投资价值：客户自我实现的需求

有的客户对房子的价格非常重视，若是这样的客户，房地产经纪人可向他

推荐在价格上能满足他的房子,否则你只有找出更多的特殊利益以提升房产的价值,使他认为值得购买。

比如,房地产的投资功能——购买房屋可以保值、增值。

房子具有巨大的升值潜力的事实,在过去十到二十年的时间里,已经得到充分的证明,未来还有持续升值的空间,没有比投资房子更稳妥、收益更大的投资项目了。

不同的客户会有不同的需求和购房动机,销售人员在与客户初步接触之后,必须尽快了解客户的需求,明确客户的喜好,才能向客户推荐合适的房子。

客户五层内需的拉动技巧:

从事实调查中发掘客户的特殊需求;从询问技巧中发掘客户的特殊需求;介绍房子的特性,向客户说明房子的特点;介绍房子的优点,向客户说明房子的优点;介绍房子的特殊利益,比如带优质学位,向客户阐述正好能满足客户为孩子上学的特殊需求。

要 求	提 问
用明朗的语调交谈	你需要多大面积的房子
注意观察客户的动作和表情,是否对楼盘感兴趣	你需要几房几厅的房子
询问客户的需求,引导客户回答,在必要时,提出特别回答的问题	你对本楼盘的感觉如何
精神集中,专心倾听客户的意见	你是自住还是出租
对客户的问话做出积极的回答	你喜欢哪种户型

作为房地产经纪人,怎样明确客户的需求和关心的问题,需要在推销过程早期,采用发问听取对方意见,鼓励客户谈论自己的问题和意图,发问应采用开放而不是封闭性的发问,即提出的问题并不是一个字或一个短语就能回答的。

开放式发问是将回答的主动权让给对方的一种发问方式。这一类型的问法,可以引起对方思考后再来回答,通过对方的回答,发现我们需求的信息。而封闭式发问需要对方给出固定答案的发问方式。这种类型的发问可以使发问者得到确定的答案。

5. 迅速找到客户心理切入点的技巧

很多房地产经纪人太着急,见到客户,一张嘴就谈业务,而且絮絮叨叨、没完没了。这样很多客户都会反感。可能本来还有一点需求,可遇到这样的房地产经纪人,就没有了心情。真正的聪明人是不会开口闭口谈业务的,而是让客户能够接受自己,然后一点点引导客户达成交易。

销售是与对方打交道的工作,在房地产销售过程中,人和房子同样重要,对方进行购买时,不仅看房子是否适合自己,而且还会考虑对方形象。客户的购买热情深深地受到房地产经纪人的热情、诚意和勤奋的影响。很多人喜欢找你买房,是因为他们喜欢你,信任你,尊重你。

你一旦获得了客户的喜欢、信赖,客户自己会喜欢、信赖并接受你的推销。反而,如果客户不喜欢你这个人,买卖也很难做成。

房地产销售的过程,就是销售人员与客户之间心与心的交流。

一个优秀的房地产经纪人,一定是一个伟大的心理学家,因为给客户提供优质的服务,就是销售人员与客户心灵碰撞与交锋的结果。客户之所以选择你的服务,是因为你这个人和你的心。很难想象,一个讨厌你的人会找你买房。

了解客户心理是做好房地产销售工作的重中之重。要操控客户的心理,就要多与客户沟通,多观察客户,了解客户的真实需求。从工作的第一天开始,急客户之所急,想客户之所想,才能赚到客户兜里的钱。

没人会狠心拒绝热情的人,用热情迅速找到客户心理的切入点,是非常有效的方法。

我们都有一个常识,让客户不满意的原因,往往是因为房地产经纪人冷漠的态度。什么叫冷漠的态度?

我们不妨来看这样一个故事来理解:

适逢周末,某小区的业主王先生带孩子去售楼处"凑热闹"——周末看房的人多,售楼处经常搞活动,比如儿童乐园、发微信朋友圈送小礼物等。

走进售楼处,他就看到门口站着几位形象良好,穿着时尚的售楼小姐。

当王先生和儿子向她们迎面走过去的时候,那几个迎宾小姐就参差不齐地

说:"欢迎光临。"还做了一个僵硬的动作——"里面请",可是她们脸上却一点笑容都没有,给人的感觉像是站在那里受罪一样。

请你想一想,她们这样子是在欢迎客户吗?

可能这些售楼小姐只是把王先生当成来凑热闹的"老业主",根本不是来买房的,于是用冷漠的态度拒人于千里之外。

她们的言语和动作给人的感觉就是想来就来吧,反正你买过房子了,不会再买了。总之,她们的肢体动作、表情、眼神、说话的语调完全在告诉来者:买房子的是"上帝",不买的就是路人甲。

假如王先生想再买一套房投资,那么这些售楼小姐是不是在无意之中,用她们这种冷漠的服务态度,丢失了一个优质的客户呢?

客户来了,房地产经纪人对你爱理不理的,他坐在那看他的小说、打他的游戏、讲他的电话,甚至是看了你一眼之后,他也懒得理你。还有一种情况,就是有些房地产经纪人看到店里生意比较冷清的时候,就会手托着下巴,在那边发呆,客户来了,他都不知道。

当你走进一家房地产中介,你有没有遇到这样的房地产经纪人呢?看到这样的房地产经纪人,你敢不敢找他租房买房呢?倘若旁边有别的选择,我相信你一定不会在他那家店了,对不对?除非是旁边真的没有其他店可以让你选择了,那你最后也只好硬着头皮跟他了。

如果你想在市场竞争中,超越所有的同行和竞争对手,你就要先把服务搞好。如果你能做到这一点,你就能吸引你这个市场内所有的客户跟你做生意。当你的竞争对手意识到这一点的时候,你已经稳操胜券了,你已经用服务领先赢得客户的青睐了。意思就是说,你的行业经过过度的竞争,经济的发展,迟早有一天要重视起服务的,这是一个必然的规律,因为任何行业的竞争,竞争到最后就只剩下服务了。而服务是永远可以竞争下去的东西。所以当别人还没意识到的时候,你现在就应该重视起来了。

从客户的心理角度来说,没人会狠心拒绝热情的人,而你偏偏有一个冷漠的态度,这样怎么可能把销售和服务工作做好呢?

对于房地产经纪人来说,要用热情来引爆你的业绩。

比如,通过网络推销,在接收到客户发来的第一个消息的时候,房地产经

Chapter 5 房地产经纪人要懂得客户购买心理

纪人一定要在十秒之内迅速做出反应，千万不要让客户等的时间过长。这就是一种热情的工作态度。

欢迎语要包括自我接受，通常为"您好，欢迎光临，我是××销售员，很高兴为您服务，请问有什么可以为您效劳的呢？（加笑脸/可爱表情）"

热情是一种强劲的激动情绪，一种对人、事、物和信仰的强烈情感。热情会给你的工作带来最好的生产力，同时会使你的生活洋溢出浪漫、温馨的气息。一个人可以没有金钱，但他不能没有精神；一个人可以没有权势，但他不能没有生活的热情。

爱默生说："人要是没有热情是干不成大事业的。"

大诗人乌尔曼也说过："年年岁岁只在你的额头上留下皱纹，但如果你在生活中缺少热情，你的心灵就将布满皱纹。"

成就事业就像打井一样，如果三天两头换井来打，地上便总是深深浅浅的洞，却不见清泉涌出。因为每一件事都要有量的积累，很多人做事都是三分钟热血，所以很难成功。只有像凸透镜一样将所有的力量，持续聚焦在一个点上才能燃烧，而能够激发持续动力的非热情莫属。

热情的人容易成功，而冷漠的人不会有成功的人生，因为他的冷漠不仅营造不了成功的环境，反而禁锢了自己的心灵，也就禁锢了一双飞翔的翅膀。热情的人容易快乐，因为他时刻用欣喜的眼光来看待身边的人和事。让热情成为一种习惯，你的人生将充满阳光和乐趣！

热情是一种对待工作、对待生活最愉悦的态度，更是对生命的奖赏。

热情是一份从心中油然而生出对人、对事物友好、友善、热爱的情感。

热情是一股催发活力、快乐和智慧的神奇力量。

如果你想获得成功和幸福，就要学会对你的工作、你的生活以及你的家人、你的同事充满热情。

热情是你人生旅途中最有效的通行证，把热情当成一种习惯，你的人生将会越来越快乐，越走越顺畅。

6. 由你来打开客户心灵的暗盒

打开客户心灵的暗盒,这个暗盒是什么呢?

(1) 人人都喜欢被赞美

马克·吐温说:"只凭一句赞美的话,就可以快乐两个月。"

从心理需求上来说,人人都喜欢被赞美,人人也期待被赞美。一个嘴巴甜、会赞美的房地产经纪人,一定更受客户喜欢。

只要真心发现,就容易看到别人的优点,并真诚地给予赞美,在让别人愉悦的同时,也让自己收获很多。赞美是快乐的加油站,它把美好的东西传递给别人,当你传递美好的东西的时候,会得到另外一份回报,这就是成功者的心态。因为成功者总是把美好的东西奉献给身边的人,并且带动身边的人一起奔向美好。

在销售中,应该不断寻找机会来肯定和赞扬客户的观点,并和客户达成共识。这样不仅是双方在沟通交流的需要,也能在对方的心里让对方对你产生好感。

人人都需要赞美,这是人与人之间和谐相处的必要条件。可是,并不是所有的赞美都可以得到他人的好感,有时候赞美不当,反而会有损于你在他人心目中的形象。赞美绝非易事,但是只要你掌握了一定的技巧,使用起来才会游刃有余。

在工作当中,如果你遇到了一位相貌平平的姑娘,你对她说:"噢,你是我见过的最漂亮的姑娘了。"对方不但不会感谢你的夸奖,反而认为你是在故意嘲讽她。

这种情况,很常见,我们应该怎么做呢?难道遇到不漂亮的姑娘,就不用赞美了吗?当然不是。既然她的相貌没有值得称赞的地方,你就要从她身上别的地方寻找突破口,比如语言、服饰、性格、举止等等。

每个人的身上都会有发光点,总有值得你称赞的地方,你要做的就是要先发现这些闪光点。比如说,你发现对方谈吐不凡,你就可以赞美她有修养、有品位。这样，你既赞美了她，又避开了她的弱点，她一定很高兴。

在销售中，赞美是与客户进行沟通的润滑剂，不但可以拉近与客户之间的距离，更能打开客户的心扉。赞美是一件好事，但绝不是一件易事，"过"和"不及"都不行，开口前我们一定要审时度势，看看赞美的对象是否正确，赞美方式是否合适，赞美程度如何把握？

一般来说，房地产经纪人赞美要做到以下几点：

第一，寻找赞美点。

赞美客户是需要理由的，我们不可能凭空的制造一个点来赞美客户，只有找到客户贴切的闪光的赞美点，客户才更加容易接受，才能使赞美显得真诚，而不虚伪。一般来说，赞美要遵循"三个同心圆"理论。

所谓三个同心圆，最外圈的赞美是可以用眼睛看到的客户的"外表"，第二圈的赞美是客户的"成就与性格"，第三圈则是赞美客户的"潜力"。很多销售人员只能从最外圈的"外表"，如"你的衣服很漂亮"和第二圈的"成就和性格"，如"你白手起家，创下今天这么大的事业，真是不简单"来赞美客户；很难深入第三圈的靶心，这需要个人的观察能力和知识储备，学着去观察，去发现，去表达，去挖掘客户身上的亮点和优点。

第二，赞美要真诚。

如果你想让自己的赞美产生作用，引起对方的好感，你的赞美就必须是那些基于事实、发自内心的赞美。如果无根无据、虚情假意地赞美客户，他不仅会感到莫名其妙，更会觉得你油嘴滑舌、诡诈虚伪，你的赞美就可能会变成"拍马屁"了，客户也会怀疑你的真实目的。

当你赞美别人时，确保赞美是真诚的一种非常有效的方法就是看着对方的眼睛。当你用眼睛和心灵与对方交流时，你会流露自己的真实感情。

比如，如果你见到一位其貌不扬的客户，却赞美她说"你真是美极了"，对方立刻就会认为你所说的是违心之言，甚至是在讽刺她。但如果你着眼于她的气质、服饰、谈吐、举止等，发现她这些方面的出众之处并真诚地赞美，她一定会高兴地接受。如"刘姐你好，很高兴认识你，你的形象气质很有味道，穿着很会搭配，很有个性，同时也是一个有品位引领潮流的女性"。

第三,赞美要具体。

很多房地产经纪人在赞美客户的时候,只会简单地说"你很棒""你很厉害"之类的含糊其辞,让对方感到混乱和窘迫。美国管理学家内梅罗夫博士建议,赞美别人时最好回想某一特定情况,描述出具体的行为。因此,赞美客户时只要从某个局部、某件具体的事情入手就可以了,其他的工作对方会自动完成,而且局部、具体的赞美会显得更真诚、更可信。

比如"这个户型设计得很好,你的眼光真不错"等,这会给对方一种你很在乎他的感觉。赞美越具体,说明你对被赞美者越了解,也更容易让对方接受你的赞美。

第四,赞美要因人而异。

人的素质有高低之分,年龄有长幼之别,因此,赞美要根据客户不同的身份、性格、特征使用不同的赞美词。对于年纪大的客户,他总希望别人不忘记他当年的业绩与雄风,同其交谈时,可多称赞他引以为自豪的过去、成才孝顺的儿女、幸福的晚年、健康的身体等;对于中年客户,要称赞他事业有成、婚姻美满、儿女懂事、见多识广、思维敏捷等;对于青年人,不妨语气稍为夸张地赞扬他的创造才能和开拓精神,并坚称他的确能够前程似锦;对于儿童,要称赞他机灵乖巧、成绩优异、活泼可爱、天真烂漫、聪明伶俐、纯洁善良等。

(2) 人人都有从众心理

人们常用"领头羊"效应来形容从众心理。每一个羊群中都有一只领头羊,当领头羊朝一个方向运动时,羊群中其他的羊就都朝着这个方向运动;当领头羊停下来时,羊群也就跟着停下来,这只领头羊就是整个羊群的示范。

我们经常看到这样的新闻报道,某某楼盘深夜排队买房,惊现日光盘,其实这就是开发商售楼的一个策略,利用人们的从众心理。大家都去买房,我也要跟着去买。因为人们的思想或行为经常会受到多数人的影响,而不假思索地跟从大众。"领头羊"效应反映了人们的从众心理。

所谓从众,就是群体在放弃个人意见后,与大家保持一致的心理行为,比如我们常见的成语,"随波逐流""人云亦云""入乡随俗""少数服从多数"等,都是从众心理的表现。在销售中,这种现象也很常见,比如"跟风购买""抢购潮"等。

Chapter 5　房地产经纪人要懂得客户购买心理

那么，如何引导客户的从众心理，从而产生消费呢？

很简单，就是给客户一个从众购买的理由。

某房地产商为了拉动人气，先让客户提前下筹，取得优先购房的资格。等开盘的那天，已经下筹的客户，排成一个长长的队伍购买新房，通过这种方式，先把人气凑够了。

人们不禁好奇，为什么这里的房子这么畅销，吸引这么多人？惊现所谓的"日光盘"，并把现场这种人山人海的照片传到网上佐证，如此一来，营造了一种热销的热闹氛围，吸引很多从众型的买家。随着房子不断热卖，这家房地产的知名度也越来越高。

可见，产品好，排队购买也是一种最有力的吆喝。

研究发现，等群体的人数大于 4 的时候，缺乏主见的那个人就容易跟随大多数人的意志做出判断。而把这种心理和行为运用到销售当中，就能达到走量的目的。

客户排队购买，目的都是为了成交。而这些靠"从众心理"的销售策略，只是吸引客户的一种手段。最终，一个房地产商的成功，还是靠房子的品质来赢得客户。

（3）你给足客户面子，他就会给你单子

中国人有个普遍的心理，那就是爱面子。如果你不给别人面子，你一定是一个不受欢迎的人，如果你只顾自己的面子，哪一天你一定会吃暗亏。

"爱面子"是人们的一个心理弱点，房地产经纪人通过赞美来赢得客户的订单，更应该抓住这个弱点，你给客户面子，客户就会用钞票回报你。

客户在购房时，往往会反复比对，精打细算，生怕买不到称心如意的房子。

例如，在一家房地产中介门店，有些客户因为户型、装修、质量、价格等原因不能称心如意而没有成交的，诸如此类的问题，都会导致中介门店出现"门庭若市却无分文进账"的尴尬局面。在面对这样的问题时，房地产经纪人最需要做的就是说服客户，给客户面子，促成交易。

我们来看下面这个案例：

小丽是一家房产连锁门店的销售人员。有一天，一位客户看中了一套某小

区的二手房，但是总嫌价格太高而迟迟没有成交。

小丽察言观色，选好时机微笑着对这位客户说："先生，这可是高档小区，虽然贵了些，但是对于您来说，不算什么。一看您的这身打扮，就知道是一位成功人士。像您这样的身份，只有这样高档的小区才配得上您。"

那位客户听到这里，便不再计较价格了，而是笑呵呵地签了单。

小丽见什么人说什么话，给男客户留足了面子，从而客户也心甘情愿地掏出钞票。

西方有这样一句谚语："人性深处最深的渴望，就是渴望得到别人的恭维。"尤其作为客户，得到房地产经纪人的恭维，就意味着得到了别人的尊重，面子上也有光。而案例中的小丽，正是抓住了客户的这一心理特征，让他们找到了当"上帝"的感觉。

如此一来，给别人面子是一种"共赢"。只要你给足别人面子，别人就会给你机会。当今社会，有很多人常犯这样一种毛病：自以为有些见解，或者有点小权力，逮着机会就发表评论，贬低别人，抬高自己。把别人批评得一无是处，自己还感觉痛快，感觉自己是正直说真话，其实是一种自以为是。

作为房地产经纪人，无论在任何情况下，都要尊重客户，给客户留面子，毕竟谁都不希望被别人看不起，谁也不希望自己被别人忽视。其实面子是一种做人的尊严。

在销售过程中，有些客户一开始并不打算找你买房，反而是抱着试试看的心理，跟你在兜圈子，如果你认为这是客户在浪费你时间的时候，表现出对他的漠视，这无疑是一种"自宫"行为。

每一个人都有强烈渴望被别人接纳的愿望，当然你的客户也不例外。因此，在你接触到你客户的那一刻起，就要尽心竭力地让他成为你的忠实客户，而实现这一目标，对客户发自内心的尊重是一个基本前提。

不管你怎么看你的客户，都要在言谈举止中给对方留足面子。毕竟，每个人都有独特的个性，你可能不喜欢一个人，但是不能不尊重，你只有尊重客户，客户才有可能接纳你这个人和你所销售的楼盘，从而为下一步的成交做好准备。

在销售过程中，难免半路横生枝节，导致销售陷入被动的局面，很多销售人员面对困局，往往束手无策。一个优秀的房地产经纪人都明白这样一个道理，那就是在销售中一定让客户感觉被尊重和有面子，这是走出困局最有效的办法。

因此，要做到尊重客户，千万不要让客户觉得你目中无人。

面对那些只看不买的客户，很多销售人员非常不礼貌，喊着对方，非要来个"强买强卖"不可，这样客户会感觉非常没有面子。那么，得罪客户的后果，就是客户以后再也不会来找你买房了。

聪明的销售人员总是能想着怎么尊重客户，在房地产销售中给客户面子，他一定能让你拿到订单。

7. 客户购买七个心理阶段的操纵技巧

作为一名出色的房地产经纪人，除了要了解客户的购买动机，还要了解客户在整个购房行为中经历的心理阶段，并根据这些心理阶段来按步骤推进自己的销售行为。

虽然每个客户的购房动机和购房心理都不同，但是他们在购房之前，都要经过思想酝酿的七个阶段，而且这七个阶段对任何成交的买卖大体上都是相同的：注意→兴趣→联想→需求→比较→决定→行动。

房地产经纪人只要了解了这一规律，就可以轻松掌握客户购物时的心理变化，完成交易。

（1）注意

注意是指潜在客户通过看楼，了解楼盘信息的过程。

带看顾名思义，就是房地产经纪人带领意向客户实地看房的过程，这是房地产销售工作中最重要的一环，也是销售人员深入了解客户需求的最佳时机。销售人员对这一过程把握的好坏，直接影响到成交与否。

注意是客户购买心理过程的第一阶段。如果房地产经纪人能引起客户对产品的注意，就意味着销售已经成功了一半了。

(2) 兴趣

看完房后,有些客户继续观望,有些人离开。当客户对房子产生兴趣时,会通过一些行为表现出来,同时也可能向销售人员咨询一些他所关心的问题。

比如二手房中介业务,置业顾问要根据客户的反应,来判断客户的意向,询问客户价格。

一般情况下,客户看房时间颇长,对房屋瑕疵提出意见,主动对房屋的装修、家具摆放发表建议,打电话询问家人意见,主动询问价格浮动以及过户贷款问题,如果客户具备以上诸多行为其中之一,我们就可以认为客户对房屋初步产生了购买意向。

在上面的叙述中,通过职业顾问对房子的介绍,客户产生了购买的欲望,这就是兴趣阶段。

(3) 联想

客户对房子感兴趣时,会进一步联想到房子将带给自己的种种益处,能解决哪些问题,对自己会有什么帮助等。联想决定着客户的购买需求以及对房子的满意度,因此这一步对客户最终的购买决策有着很大的影响。

房地产经纪人若要将房子顺利卖出去,若想成为一个优秀的销售者,就要寻找到客户的利益点,以此作为销售工作的关键点,从而获得更多的客户。

将房子的特点与客户的利益点联系起来,以使我们真正找到客户的利益点。

比如一些"老破小"居民楼,虽然居住条件不好,但是它也有自己的优势,比如位置好、交通便利等因素,如果客户买房是为了给孩子上学,正好可以满足客户的心理需求。

每一个房子都有它独具的特性,这些特性就是房子的优点,也是客户的某一利益点。比如,房子的投资价值、度假生活、毕业落户、改善居住、上班方便、照顾老人……

客户能够根据这些不同的特点,选择适合自己的房子,从而实现自己的需求,这就是客户的利益点。

(4) 需求

客户若将其联想延伸,就会产生购买的欲望和冲动。当客户开始询问房子的细节,并对房子进行仔细端详时,就表现出他对房子已经非常感兴趣、有购买的欲望了。但是客户还会产生疑虑:这对我来说是最好的吗?会不会还有比这更好的出现?

比如,客户觉得房子价格比较高,虽然有买的冲动但是仍在犹豫,这就是需求阶段。

(5) 比较

客户在对房子有了一定的了解之后,会将该房子与曾经看到过或了解过的同楼盘进行比较、分析,以便做进一步的选择。

比如,大部分买房都面临的一个问题,如何衡量房子的地段:

房子地段	特 点	功能定位
闹市中心区	居住环境混乱嘈杂、房地产建筑密度过高、社区狭小,多以小户型为主	主要用途多在投资。对于青年人来说,偶尔会成为租房时的选择,但购买居住的可能性不大
次繁华生活区	商业味道大大降低,生活味道渐浓,多集中在城市早期的一些居民小区。新房供应量不大,偶尔会有老二手房转手	价格与闹市差不多,但居住性上略强。未来入住后的生活成本相比闹市略低,个别单位的二手房甚至不需要负担物业及停车位费用
CBD 区域	由于城市人口增加及规划发展,成为城市新兴区。只要发展成熟,房价会超越闹市区	在没有发展之前,其房价相对比较低。有眼光的青年人,能够准确预测出城市发展方向,及早入手的话,这种地段的房子是兼有居住及很强投资性的。当然,目前而言,二三线城市这种机会更大些
CLD 区域	城市发展方向轴线上稍远的地区,中央居住区。因为临近 CBD,这种区域的房价通常也比较高,多为城市内品质楼盘的集中放量区	对于年轻购房群体而言,房价较高,与 CBD 区类似,如果能早期入手这种区域的房产,未来升值空间还是很高的。但一旦发展成型,投资性就会大大降低
好环境老城区	建筑年代较久,多以老式单位福利房及原住民自建房产为主,小区比例高,居住氛围好,生活成本相对不高,交通便利,配套完备,综合生活成本比较低	这种区域新房放量较少,而且价格不低。入市的产品,多为 10 年以上二手房。对于纯粹居住需求而言,这种区域的二手房是优选。住几年之后,转手也容易,出租也可以

房子地段	特　　点	功能定位
差环境老城区	自建房比例高，小区比例少的区域。视觉环境比较差，破街烂巷。通常，也是在城市内打工的外来人流比较集中的区域，治安环境上略差	这种区域内，旧城改造的力度大的话会有一定的新房放量。对于年轻购房人群而言，这种区域的房价相对不高，但生活比较方便，从节约生活成本及方便性上考虑，是个不错的选择

在比较阶段，有些客户这时也许会拿不定主意，这时房地产经纪人就要适时向客户提供一些有价值的建议，帮助客户下定购买决心。

处于比较阶段的客户容易对供挑选的房子产生困惑，因为他们正在寻求于良好的建议和指导。如果销售人员这时候无法顺利地加以引导，也许就会将这样一名准客户流失掉。因此，比较阶段对销售人员而言，应对技巧相当重要。

（6）决定

经过了各种比较和思想斗争之后，大部分客户会对房子产生信任感并决定购买。影响信任感的因素有：相信开发商（企业的品牌和信誉）；相信房子的质量（通过观看样板房，眼见为实）；相信房地产经纪人（销售人员专业的服务和指导）。

（7）行动

即客户下定决心购买，号称临门一脚，是成交的关键。要想房子卖出去，关键一点就是要掌握交易时机，一旦时机消逝，前面的努力就白付出了。

对于房地产经纪人来说，如果不能摸透客户的购房心理，就犹如在茫茫的黑夜里行走，永远只能误打误撞。所以一定要熟悉销售全流程中客户的各种心理，让你能够轻松应对并掌握客户的心理变化，以心攻心，见招拆招，让你进入一个"知己知彼，百战不殆"的境界，提升你的工作业绩，让你立刻跻身职场精英阶层。

8. 成功沟通和高质量匹配

你有没有想过可能是沟通配对出了问题？

Chapter 5　房地产经纪人要懂得客户购买心理

你是否带客户看了很多套房子，但是客户就是不满意；你是否感觉对客户非常用心，但是就是不成交；你是否给客户推荐了很多套房子，但是他都不想看？

（1）了解客户需求

如何了解客户的需求？

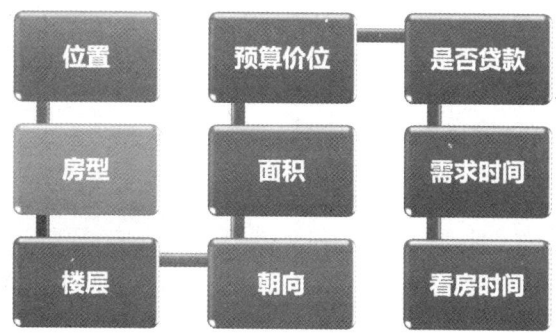

如何找到客户的核心需求？

排除法——排除重要因素，找到决定因素。房地产经纪人一定要把重要因素与决定因素分开，才不会误导房产销售的努力方向。

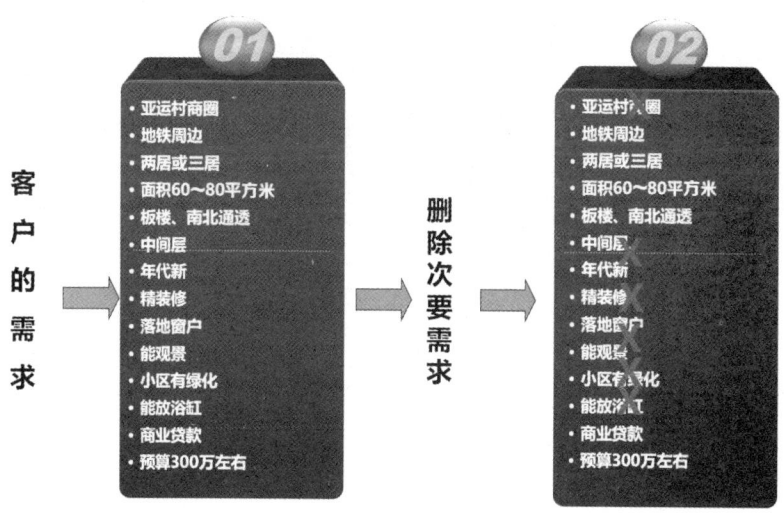

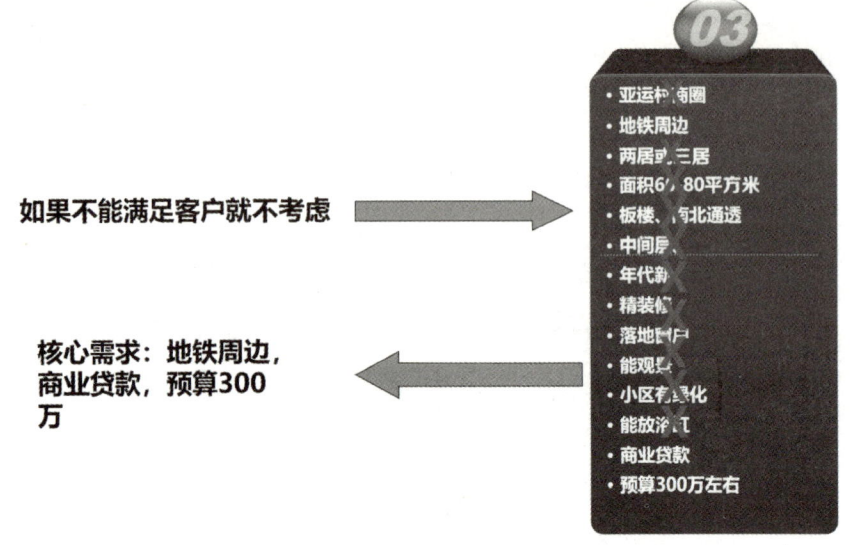

需求只是客户想要房子。预算价格是否符合市场行情,想要的房子是否适合他,需求的区域是否有他想要的房子,变通——根据客户动机做适当变通。

(2) 了解客户动机

Chapter 5 房地产经纪人要懂得客户购买心理

第一，新婚购房需求特点：

- 小户型为主，一般户型面积在50~80平方米居多
- 因为都在上班，需要交通方便的小区
- 考虑到将来有了小孩或双方父母一同暂住的需要，购房时一般选择两居
- 积蓄不多，在购房时一般会得到父母的赞助
- 主城区的房子或者最近五年左右的房子比较受欢迎
- 一般不是一次性付款，较多需要贷款
- 考虑到将来会换大户型，所以对房子将来的出售和保值功能比较在意
- 周边商圈、医院、学校配套齐全，生活成熟区域的房源

第二，改善型用房：

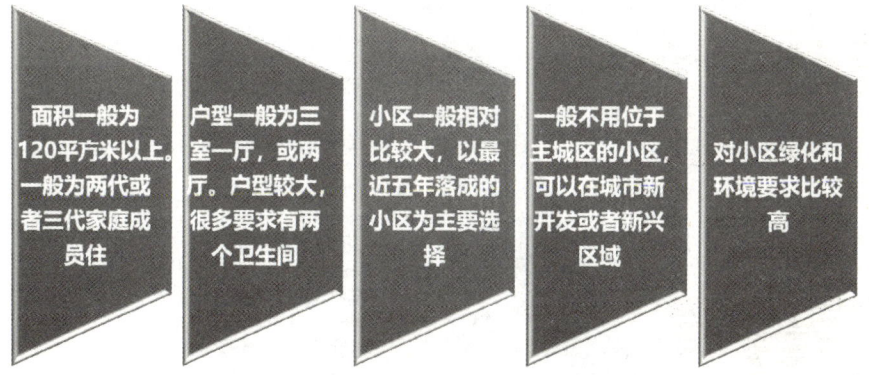

- 面积一般为120平方米以上。一般为两代或者三代家庭成员住
- 户型一般为三室一厅，或两厅。户型较大，很多要求有两个卫生间
- 小区一般相对比较大，以最近五年落成的小区为主要选择
- 一般不用位于主城区的小区，可以在城市新开发或者新兴区域
- 对小区绿化和环境要求比较高

第三，投资购房需求特点：

有升值潜力的地方，对于地段要求非常严格；

对于房产了解较多，一般要求房地产经纪人更专业；

知名开发商开发的品质楼盘；

稀缺性房源或者不可再生性房源；

以后方便转手或出租的房源；

对楼层和朝向要求比较严格，一般顶层、一楼都不在考虑之列；

成熟区域或学区小户型房源。

第四，上学需求用房：

一	二	三	四	五
·处于重点小学中学学区附近	·总价不高，面积40~60平方米的小户型为主	·到学校步行15分钟左右路程的房源	·购买者多为孩子户口及入学资格	·房屋的楼层或朝向一般不是很在意

我们还要了解：

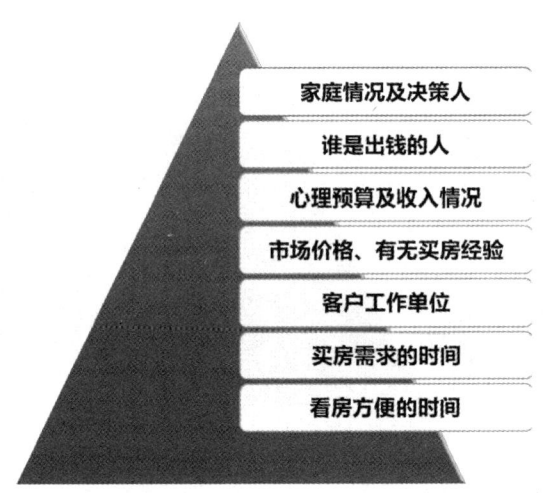

- 家庭情况及决策人
- 谁是出钱的人
- 心理预算及收入情况
- 市场价格、有无买房经验
- 客户工作单位
- 买房需求的时间
- 看房方便的时间

（3）变通客户

案例：客户想在××商圈买套小户型的两居室，想要板楼，预算低于市场价格，她在附近上班，是为了结婚买房。

我们应该了解客户哪些情况？

如何变通？

沟通的内容：

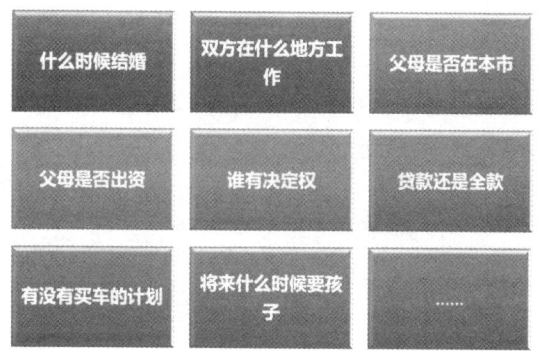

(4) 与业主沟通的关键问题

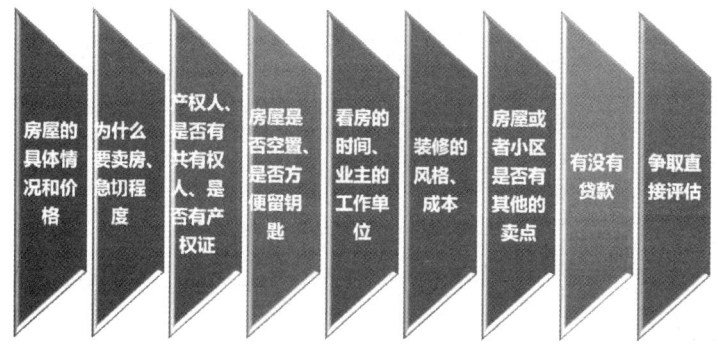

(5) 配对

配对的重要性,体现在下面几个方面:

提高房源推荐的准确性,加快优质房源的成交速度,节省时间和精力,形成第一时间带看,加快成交速度。

做到心中有房:

配对技巧如下:

如何吸引客户对房源的兴趣？

多看房源：

自信——来源于对房源的了解；

了解——来源于实践；

没有卖不出去的房子，只有卖不出去房子的房地产经纪人；

经验主义害死人。

案例：两个沟通对比

张先生：我们这里有套两居室的房子，南北朝向，简单装修，面积63平方米，在中间层，价格85万，看房方便。

张先生：刚刚我们的老客户登记了一套两居室的房子，别的公司没有，南北通透，这个户型我看过，绝对的冬暖夏凉，这个小区同户型的房子就20套，非常难得，采光时间长，户型方便摆设，简单装修，节约您再次装修的拆卸成本，面积63平方米，价格85万，性价比很高，周边同等户型的房子上个月刚成交了一套还87万呢，正好这个房子下午3点业主有时间可以看房，我们好多同事都约了客户要去看房，你要是感觉合适一定要带上定金，看上了就马上定

(6) 沟通常见问题

第一，报价技巧。

对业主报范围价格，范围要拉大，但是要讲明不同价格的销售周期要多久。

这个小区根据不同情况价格在 12 000~15 000 元之间，我们可以帮您去评估，那您想多少钱卖呢？（告诉业主这个价格要多久能卖出去）

有的房子可能相对的价钱会低，此时我们要在报价的同时一定向客户阐明房价低的原因，不要影响其他房屋的报价。

业主是急需用钱，所以这么低的价钱把房子卖了。

在报价时，对单价不同的房屋都要归属到具体的商圈户型和业主个人原因，将房价区间明朗化。高价位的理由和低价位的原因需要在报价时告知客户，这有利于签单。

这套房子的最大优点是能上某某重点学校，很多家长都是为了孩子上学才在这里买房的，价格也会高一些。

报价问题也可以归属到户型。

这个小区本来一居就非常少，因为小区的主力户型是两居和三居，但是好多人又都想要一居的，所以现在这套一居的价格也高一些。

现阶段如何报价？

从一开始就要给客户灌输观念，涨价是正常的，一天一个价，不涨价的房子就不是好房子。

第二，无法安排时间看房的客户。

嫌贵：可用报价技巧来应对，如这个小区本来一居就非常少，因为小区的主力户型是两居和三居，但是好多人又都想要一居的，所以现在这套一居的价格也高一些。

事先准备好更贵的房源，给客户看或推荐。

观望：适度的打击，不定期的给客户去电话，告诉他最近有什么好房源，价格可以报高些，一般情况下这种客户是不会看的。等几天再给客户推荐其他房子，并告知上次推荐的房子卖掉了。刺激客户对市场的认知。

挑剔：这类客户能够接受目前的市场价格，如果能够满足客户的特殊需求甚至可以接受高于市场的价格。此时的关键点就是房子，我们可以有两种方法：

A. 按需开发；

B. 尝试变通客户需求（抓住动机）。

第三，蓄水池中公共的客户沟通。

蓄水池子当中的客户经过太多的电话沟通已经很疲倦，此时经纪人不要太多的自我介绍，也不要直接询问客户现在是否还在找房，否则很容易直接就被挂电话，不妨直接推荐房子。

第四，问到不会的问题。

买卖业务体现的是专业性，所以这时我们应该体现专业性，如实在不知可告诉客户由于政策最近有变化或您问的问题比较特殊，您可以留下电话我确认清楚后马上给您回电。千万不要胡乱做口头承诺。

第五，客户多家登记，哪家公司让去看房都去，还很挑剔，如何沟通？

增进与客户的感情，提高服务质量	每天联系，掌握客户的最新动向	体现自己的专业性及辛苦度

附：大君导师中介服务点拨

要想让客户满意，首先需要的是对客户的心理和意图有一个大致的了解。然后才能在此基础上做出让客户满意的行为。一个客户的购买行为是多种购买动机竞争的结果，客户的购买目的不同，当然会表现出不同的购买行为。

要想真正做到让客户满意，只有让每个房地产经纪人都提高素质。房地产经纪人作为房产中介一线员工，需要跟各种类型的客户打交道，他们的素质非常重要。

其实"微笑服务"的规定等都是没用的，只有房地产经纪人从内心觉得这个企业是自己的，才能激发出他们的积极性，他们才会考虑在把条条框框做死的基础上，怎么做才能更好。看见客户来了是应该笑，但应该是发自心底的，不是皮笑肉不笑。要诚挚，用"诚意"和"诚心"来打动客户。

Chapter 6

带看技巧也有道，精准教你怎样抓住客户

带看，就是带领意向客户实地看房的过程，带看是房地产销售中最重要的一环，也是我们对客户进行深入了解的最佳时机，是征服客户的重要时机，是决定销售成功与否的关键环节。从整个带看流程来说，一些细节绝对不能忽视，稍不留神，客户可能就是别人的了。

1. 带看前的准备

带看是带客户实地看房的过程。期间通过介绍、提问、观察以及分析客户需求的一个综合的过程，并且能发现客户需求及修订完善我们的推荐房源的情况。在整个房产的流程中起到承上启下的作用。也是非常重要的一个环节，带看做得好可为成交打下坚实的基础。

带看前的准备工作，包括以下：熟悉房源相关资料，带看工具，时间的约定，地点的约定，带看路线的选择，提前沟通与报价。

（1）熟悉相关资料

房地产经纪人在带客户看房之前，需要熟悉以下相关资料：

小区的规模、楼龄、开发商、面积、物业管理费、车位的租售情况等；

带看小区里面的房型、装修情况、周边环境、交通情况、配套设置等；

最近一段时间区域的成交价格，房东的出售动机及价格；

房屋具体情况：楼层、朝向、面积、格局、家具家电、产权性质等。

（2）带看的工具

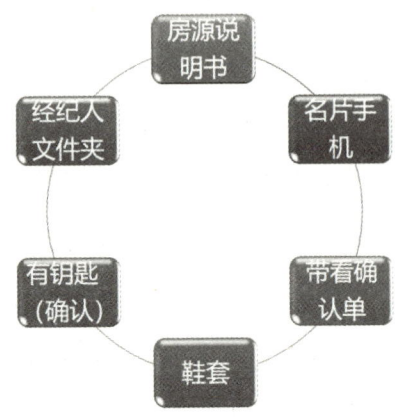

（3）时间的约定

时间是房地产经纪人决定的，不是业主或客户决定的。业主约时间段，客户约具体时间点；出发前需再次提醒确定时间、地点，提前到达。

主推房源选择光照时间充足的时间段。房地产经纪人要相信，让阳光洒在客户身上的感觉是最好的。如果景观不好，也可以选择在晚上。

（4）地点的约定

明显标志物做参照、交通方便、视线、环境有利于第一印象的地点，不适合中介同行聚集地或业主楼下。

（5）带看路线的选择

尽量避开交通拥挤、单行道、垃圾站，选择交通通畅、环境较好、小区景观路。

（6）提前沟通和报价

房地产经纪人的提前沟通和报价，包括两个方面：业主和客户。

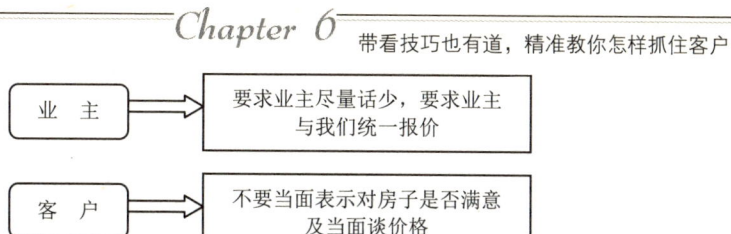

```
业主  →  要求业主尽量话少,要求业主
          与我们统一报价

客户  →  不要当面表示对房子是否满意
          及当面谈价格
```

带看之前,房地产经纪人要打好预防针,防止业主和客户当场议价。当场议价的后果只有三种:爆单、折佣和跳佣。

中介人员要和客户讲:业主很精明,如果客户有诚意,他就会死咬价格,甚至会涨价。看房的时间不宜过长,也不宜多说。好房子不讲价,说房子不好业主会不高兴,看清了就走。

2. 带看中的技巧

"带看"是房地产经纪人征服客户的重要时机,是决定房子能否顺利成交的关键环节!从带看的整个流程来看,不能忽视每一个细节,稍不留神,客户可能就会另选他家。

(1)提前达到

房地产经纪人要提前 10~15 分钟到达,耐心等待客户,留意周边情况,注意是否有竞争对手。

房地产经纪人提前到达约看地点,需要做好以下事情:

第一,打电话告诉业主你已经到了,并打电话告诉客户你已经到了。不要让业主以为你是和客户一起来的,或者一起迟到的。

第二,和物业的保安人员打好招呼、搞好关系,以免客户来了之后,与保安产生争执。客户回想买了这里的房子,如果他的朋友来看他,也会受到同样的待遇,会很丢面子,物业管理的好处,对于高档客户来说是非常看重的。

第三,观察一下周围的环境,比如停车位,有些客户如果开车来看房,最好能方便停车。如果让客户把车停在路边,客户会担心车被拖走或者被贴条,这样客户会没心思好好看房。如果遇到下雨,客户开车过来的时候,要打伞过去接。

（2）看房路上介绍及沟通

带客户看房可能在一个小区或者某一个地段有多套房源，销售人员要安排好带看路线，以门店为中心由远及近。

这种安排的好处就是，最后带看的房子离门店最近，如果带看完后客户很有兴趣，就可以和客户说："我们公司就在附近，到我们那里坐一坐吧。喝杯茶，我把房子的具体情况跟你说一说……如果你对交易流程不了解，我也可以给你一个好的方案……"

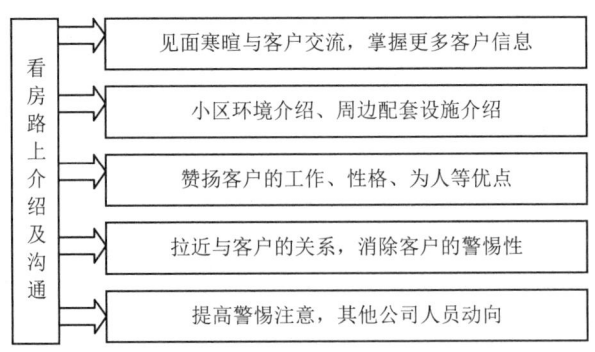

房地产经纪人初次与客户见面，尽量拿到对方名片。销售人员见到客户的第一面，应该立即递上自己的名片，并立即向客户要名片。因为从商务礼仪上来说，客户应该还一张名片给你，这也是最自然要到客户名片的方法。

一般来说，名片上有客户详细的联系方式、地址和他的职业、职称，及其他社会背景，这都有利于销售人员进行客户分析。

留下客户多个联系方式。如果你留下了客户的手机号码，最好再留客户的固定电话，如果是夫妻一起看房，最好留下夫妻二人的联系方式。一是避免重客，二是他们手机可能没电，客户到了之后联系不到你，而去另找其他经纪人。

还有一些情况，比如客户手机丢了，无法联系上而失去这个客户。因为有可能客户还价，业主同意了，但是你却打不通客户电话了。如果是几百万的单子，那么你的不专业，会导致你的不幸运！

（3）房源展示

进房后，房地产经纪人要主动跟业主打招呼："××先生/小姐，打扰了，来看您的房子，需要换鞋吗？"

一般来说，对于刚装修的房子，都是需要换鞋的，即使地面不干净，也要询问业主是否需要换鞋，如果客户进去了，再让他出去换鞋，会显得很尴尬。

一般来说，看房过程中，如果客户只看卧室、客厅的话，说明客户不是一个很挑剔的人；如果客户只看厨房和洗手间的话，说明客户是一个很挑剔的人。

向客户展示房源的技术要领：

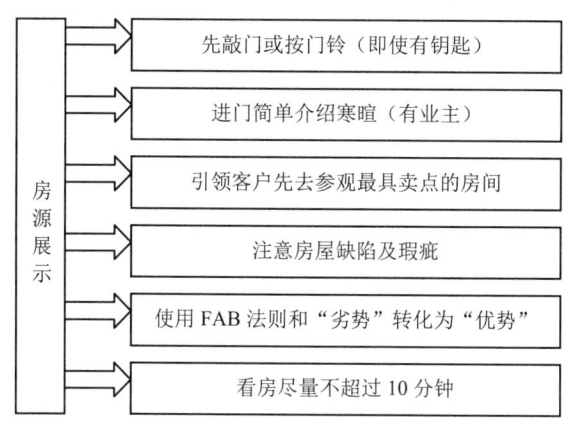

这里说的 FAB 法则，即属性、作用、益处的法则。FAB 对应三个英文单词：Feature、Advantage 和 Benefit。FAB 法则是销售技巧中最常用的一种：

F：产品特征（属性）；

A：产品特点（作用）；

B：产品优势（益处）。

从特征到特点到产品的优势，逐步介绍，这就是 FAB 销售法则。

益处是给客户带来的好处，所以房地产经纪人在使用 FAB 法则之前，必须要知道客户的购房动机，也就是客户购房解决什么问题，只有如此才能真正说到客户心里面，给客户带来益处。

FAB 法则使用技巧，可以按照以下思路联系 FAB：

因为……（属性），所以……（作用），这意味着……（客户得到的益处）。

（4）沟通引导

带看的时候，不要让客户在阳台停留过久，也不要和客户在阳台上谈论事

情，因为同行可能正在楼下开发房源。

不要在房子里和客户谈论房子的优缺点，这不是一种礼貌的行为，也不专业。因为你说房子好业主不讲价，你说房子不好业主不开心。

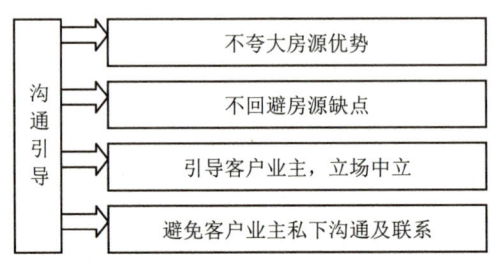

沟通引导的过程中，房地产经纪人向客户展示你的专业素养。

准备好一些辅助工具，比如指南针、卷尺，准确掌握房子的基本信息，比如朝向、高度、建设年代等，向客户介绍房子的时候，还要介绍一下周边的情况，比如周边的商圈、地铁公交情况、大型公共设施、超市菜市场等，客户对于这些是比较看重的。

了解你带看小区目前的房源情况，近期出售均价，以及小区未来的升值前景，把信息汇总给客户做出合理分析。包括同样户型的其他小区在售房源，相同价格的房源情况等，客户随时会问，销售人员只有全面掌握房屋信息，沟通才会游刃有余。

3. 带看后的追踪

带看完毕，房地产经纪人要及时向业主反馈情况。

（1）反馈业主

带看完毕，首先要和业主联系，即使客户没有意向，也要给业主打电话，因为这是了解业主心态很好的机会，而且可以体现自己作为置业顾问的专业素质，要告诉业主你是某某地产的某某，为业主维护和议价打好基础。

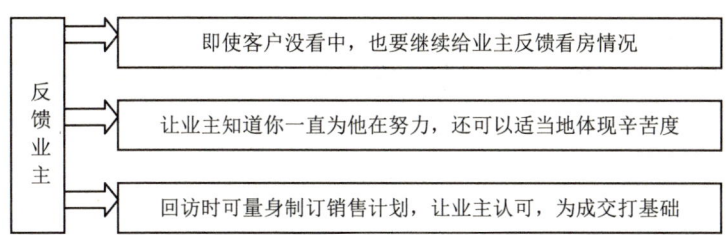

专业的房地产经纪人时刻不要忘记一点一滴地积累自己的资源,并且在意一招一式的攻防成果,最终汇河成海、积沙成丘,终有所成。

如果是有购买意向的客户,房地产经纪人就要做好带看后的追踪工作。

(2)及时追踪反馈

了解客户对这房屋的感觉如何(优点、缺点);观察客户的反应,确定客户的真实想法(语言、姿态)。

带看完成后,要注意以下两点:看着客户离开,避免被同行抢走客户,及客户回头找业主;送走客户后,自己在小区停留一会儿或回去继续找业主沟通。

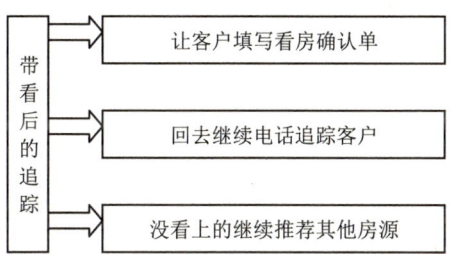

最后注意,房地产经纪人不要盲目逼单。中介流程中,不能带看没有完成,就逼客户下定这一说,有时候带看完就立刻逼定,让客户产生反感,失去客户的信任。

一般来说,涨势楼盘是"逼客户做决定";跌势楼盘的时候,要学会"帮助客户做决定"。用配盘、状况,扎实的基本功和专业分析,帮助客户做决定。

4. 带看技能提升——有效带看

房地产经纪人有效带看的内容如下：

了解约看前的准备工作事项，掌握约看中的技巧及观察客户细节，学会约看后追踪客户的方法。

（1）约看前

约看的目的：

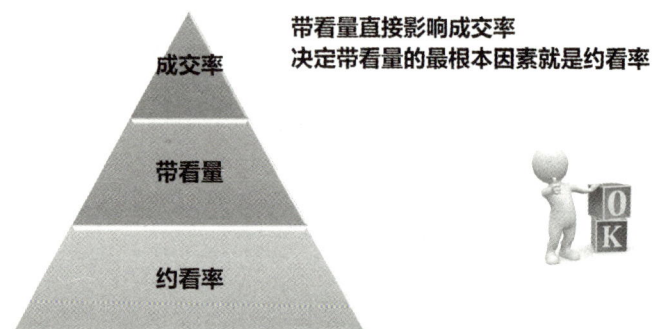

约看前的心理建设：

不要为了完成任务，被动的给客户打电话。而是要有打一个电话就约出一个客户的信心。

自信：

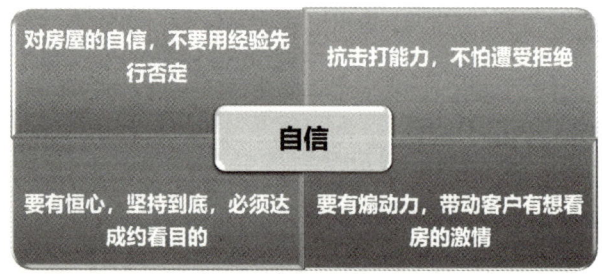

约看前的准备工作：

对所带看的房屋要知道其详细情况，对周边的配套设施掌握越详细越好，对所带看路线的设计，对双方见面地点的选择，准备备选房源，初定看房时间（第一时间、最近的时间）。

约看关键点：

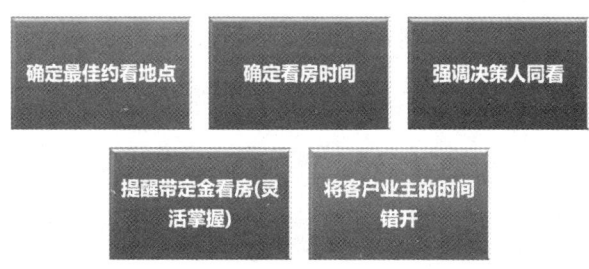

（2）实地看房

第一，看房的目的：

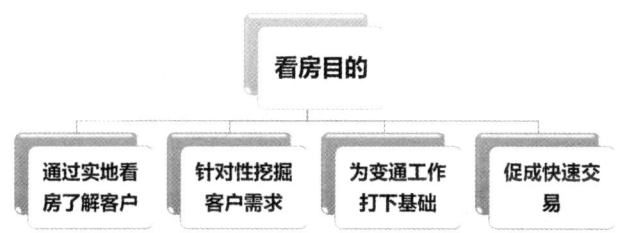

第二，看房前的准备工作：

看房前再次确认双方时间。

打预防电话：预防双方看房时谈价。

确定看房路径。

见面后看房前小谈：小谈的内容，小谈的目的，制造紧张气氛。

第三，实地看房的内容：

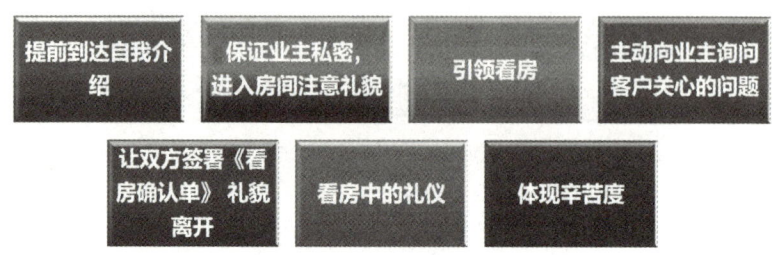

第四，实地看房的技巧。

看房数量管理：2~3套最佳，注意房源情况的搭配。

看房时间管理：5~10分钟最佳，尽快带客户离开房间。

带看方式——主动引领：如何带看（设计最佳路线）、如何讲解房产（造梦）；不能冷落业主，看房过程中不要谈价，不能让客户和业主过多地谈论与房子无关的事情。

出现下列情况时需要注意：跳单信号和意向信号时。

第五，注意观察细节。

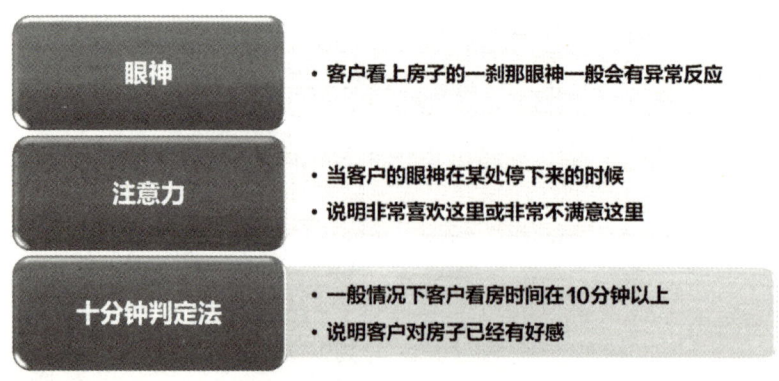

第六，如何防止跳单。

（3）看房后

第一，看房后将客户带回店里的五个小技巧：

以计算费用清单或讲解流程为借口，介绍公司资质和公司规模，帮客户找其他房源，此地说话不方便，权证或法律咨询。

第二，看房后客户意向处理：

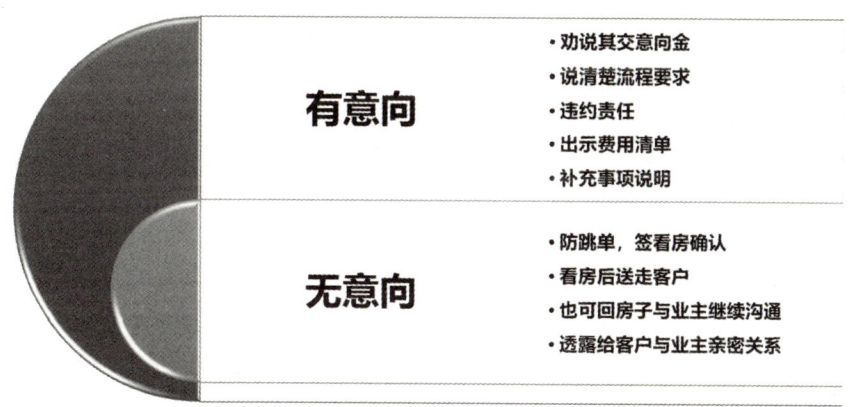

第三，回访客户：

时间把握：最佳的时间是过一个晚上，给客户留下充分的时间和家人沟通	认真地听取客户的意见并给予理性地分析，切忌太勉强
赢取对方的好感，为下一次带看做铺垫	适度打击,让客户正确认识市场行情

5. 带看技巧实战——租赁业务

所谓房屋租赁，是指房东或者房屋经营者交给租客使用，通过定期交付一定数额的租金，取得房屋使用权的一种行为。

一般来说，房屋租赁期限超过六个月，租赁双方当事人必须签订书面合同。租赁合同的内容条款包括：出租房屋的范围、面积，房屋租赁的期限、用途，租金的数额及交付时间，房屋修缮的责任、转租以及违约责任等。

作为房地产中介人员，需要掌握的租赁知识，包括以下内容：

（1）户型与设施

户型就是住房的结构和形状。住房常见的户型有：开间、一居、二居、三居、多居。

出租房的基础设施——四气：

暖气（集中供暖、自供暖、地暖、自制土暖气）；

天然气（管道燃气、煤气罐）；

热水器（电热水器、燃气热水器、太阳能）；

空调（壁挂、柜式、窗机）。

一般来说客户租房子都是需要四气齐全的。

家具家电的情况：

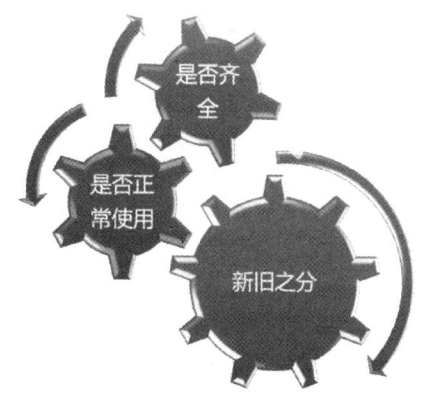

（2）装修情况

装修又称装饰、装潢，是指出租房内的墙体、地板、天花板、水电施工、景观等设计施工情况。小到门口朝向和家具摆放，大到房间配饰和灯具的定制，都是装修效果的体现。

根据装修的豪华程度，可分为以下几种：

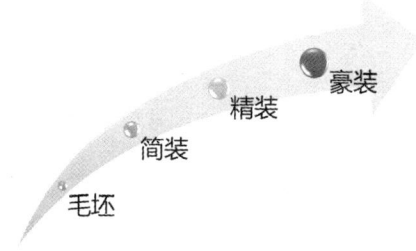

毛坯：地面没有装修，白墙；
简装：地砖、地板革、地毯、地板漆等形式的装修都称为简单装修；
精装：木地板、门和窗户都是包门包框的或是整体橱柜的；
豪装：同上，但所选材料是非常昂贵的材质。

在实际业务中，业主所说的装修情况是他所认为的，并不一定符合实际情况，需要业务员实地去看。

（3）住宅类型

住宅类型分为两种：

第一种是普通民宅，供需量最大，成交量最大。

第二种是高级住宅，24小时电梯/保安/热水/部分为24小时空调，物业费相对较高。

在实际的租赁业务中，住宅常见楼型包括：板楼、塔楼、筒子楼。

（4）普通租赁

所谓普通租赁，是指业主不接受独家代理的方式，只是委托中介公司帮其寻找客户，成交后公司收取服务佣金的过程。这个过程包括三个阶段：业主委托、三方签约、收取佣金。

普通租赁的流程如下：

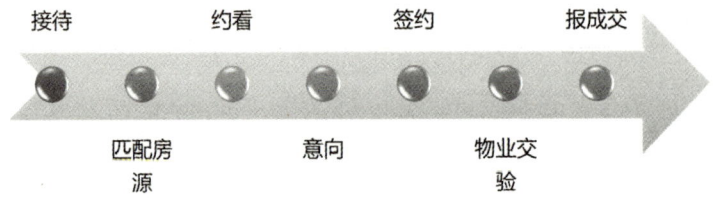

（5）客户接待前的准备

在接待前，房地产经纪人都要做什么呢？要准备些什么呢？

接待前的准备工作是熟悉背诵房源：精通本店周边的主打房源（首要），熟悉本区房源（必要），了解临近区域房源（需要）。

第一，要做到四个掌握程度——精通、熟练、熟悉、了解：

精通本店周边的主打房源——这是首先要做的事情；

熟练本区房源——必要了解的事情；

熟悉本区房源——需要；

了解临近区域房源——需要。

第二，要注意三个主打：

主打一：客户需求量最大的；

主打二：我们最多的；

主打三：高端楼盘。

我们了解了房子，有客户来了，才有话跟客户聊。

（6）客户接待时

准备工作已经完成了，在接待的时候，我们要如何接待呢？

接待时——准确留下详细资料：联系方式、房屋何时需要、有无看房经验、工作地点等等其他的一些资料，资料越全面，房地产经纪人对于客户的了解越深入，越有利于尽快成交。

接待时——准确了解客户需求：

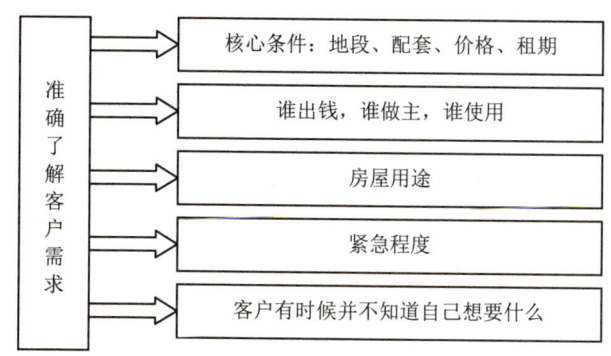

例如，某租客对房子的要求：

地段：到公司步行10分钟以内；

配套：直接入住，什么都不想买了；周边有超市，小区有活动场地，篮球场；

价格：就600元的支付能力

租期：只租三月。

还有一种情况，客户有时候并不知道自己想要什么。这时候，房地产经纪人应该怎么办？

（7）立刻匹配并推荐房源

如果不知道客户想要什么样的房子？我们可以这样做：

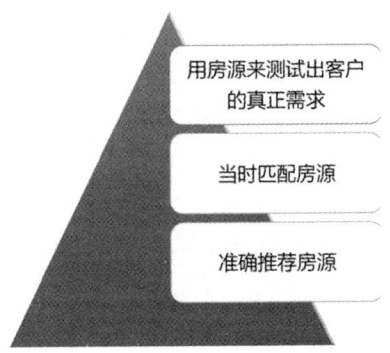

回答：我们可以这样做：用房源来测试出客户的真正需求，当时匹配房源，准确推荐房源。

通过这样我们可以测试出客户究竟想要什么样的房子，有能力承受什么样的房子。

推荐房源分为测试房、主打房、陪衬房。

切记：绝对不要说没有房源！

根据房源的特点匹配客户，在带客户看房之前，销售人员最好提前看房，了解房源特性，用适当的语言对房源进行包装，提高成功率。

根据客户的需求匹配房源，准备1~3套房源，尽量推荐靠近客户需求的房源。

在推荐房源时的方法：

方法一：对比法则。

测试房：测试客户的需求，不是最差的房子，但是距客户心目中的房子有一定的差距。

主打房：最符合客户需求的房子。

陪衬房：与主打房子相对，可以烘托出主打房子的优点。

方法二：快速变通法。

如果没有合适的房源，一定要快速的变通，可以根据客户的不同情况从户型、价位、区域三个不同的方面变通。

绝对不能说没有房源。可以用一下空城计，先把客户稳住，留给客户希望。或者是将高价的房子说成低价的房子。

6. 普通租赁约看流程与成交技巧

（1）约看——看房前的准备工作

普通租赁业务，房地产经纪人需要提前做好准备工作，包括：

第一，确认所看房源的路线（最好先行看房）。

第二，与业主确认看房时间（有钥匙的房源，确认钥匙存放处）。

第三，准备以下物品：

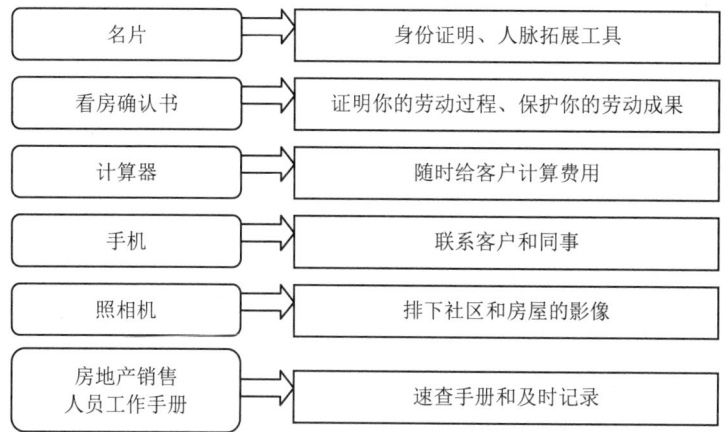

（2）看房中——带看技巧

在看房中，房地产经纪人有带看的一些技巧：

第一，客户方多人看房。房地产经纪人要随时跟在人少的一方（如业主一人，客户多人）。

第二，和其他中介同时看房。不评论，不要在对方面前流露客户意向；抓住良机促单同时防止对方切户。

第三，客户、业主双方递名片。如果遇到此种情况，一定要制止此行为；收走名片，告知成交前双方不能自行联系。

（3）看房后——了解意向

看房后，房地产经纪人要了解客户的意向，通常有两种方法：

方法一：细节判定法。

观察客户的眼神：客户看上房子的一刹那眼神一般会有异常反应；

观察客户的注意力：当客户的眼神在某处停下来的时候，一般有两种情况：

A.非常喜欢这里——及时锁定客户，签单合同，防止跳单。

B.对这里非常不满意，我们此时应弄清情况，做针对性的处理——及时变通再推荐房源。

方法二：十分钟判定法。

一般情况下客户看房时间在十分钟以上，说明客户对房子已经有好感了。

（4）看房后——逼定技巧

房地产经纪人是房产顾问，不是传声筒，逼的目的是帮客户下正确的决定。不要让客户告诉我要什么样的房子，而是我要告诉客户什么样的房子适合你。

如果客户都不知道自己适合什么，用这样的提问方式：开放性问题——选择性问题——关闭性问题；可以帮助客户下定决心；当然还要跟客户培养、帮客户算账、发自内心要帮助客户获得客户的信任。

面对客户的出招，房地产经纪人又该如何应对呢？

不妨换个角度，换个说辞。

出招	接招
客户嫌房子价格高	说明房子性价比高
客户要求晚几日起租	好房子不等人； 与业主协商，各让一步
客户要求佣金打折	服务不打折，匹配好房源，体现辛苦度
客户要求业主降价	变通客户付款方式， 劝说业主及时出租即早获利
业主要求半年付或年付	客户承受力有限； 变通业主第一次付款先季付，之后再半年付、年付； 客户素质高，珍惜房子
业主要求延长付款时间，降低风险	收取押金方式等缘由来劝说 （押一改成押二）
业主要求客户提高租金	有很多房源可供客户挑选

不同的情况，要选择不同的处理方式。

劝说业主的话语：

客户虽有稳定的收入，但一次交纳如此多的房款仍有困难；

并且交纳的款再长客户如发生中退，也只能扣留押金作为违约金，而不能扣除客户的房款。

客户有押金在业主手中，不到万不得已客户是不会愿意损失钱款而中途退租的。

（5）注意事项

在我们的租赁业务中，不一定所有的业务都是一个环节接着一个环节的，比如出现以下情况：

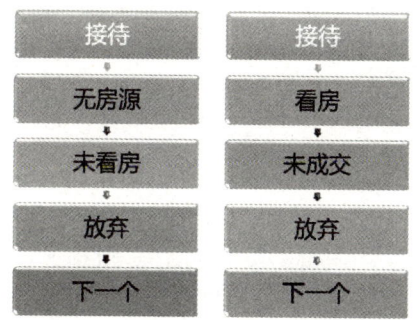

今天没有（不接受）不等于明天没有（不接受）

第一，如果出现：接待—无房源—未看房的现象，流程进行不下去了，再找下一个客户吗？我们该怎么办？

今天没有（不接受）不等于明天没有（不接受），只要我们接待了客户，就说明这个客户有租房的需求，有需求就要满足他。

第二，如果出现：接待—看房—未成交—放弃—下一个的现象，流程进行不下去了，再找下一个客户吗？

方法：了解需求、掌握变化、分类管理、把握机会，要有穷追猛打的精神，发扬贴的精神，一贴到底。

(6) 签单

普通租赁签单，业主到场的情况：需提供身份证、房产证/购房合同；业主不到场的情况：需提供委托书、被委托人、身份证。

常见的普通租赁的付款方式有：押二付二、押一付三、押一付六、押一付十二。

普通租赁的付款方式：房租的付款方式按照双方协商结果：季付、半年付、年付或其他。

注意：租金和押金由业主收取，押金由业主保存，付款方式客户和业主双方协商。

普通租赁佣金的收取分为两种：

以上不是硬性规定，可以协商后向双方收取。至于收取是一个月还是半个月的房租作为中介费，根据各地区政策及市场情况自行决定即可。

7. 房屋管家及其优势

业主在一定期限内全权委托我公司代为出租管理其房产的业务，也称独家代理。

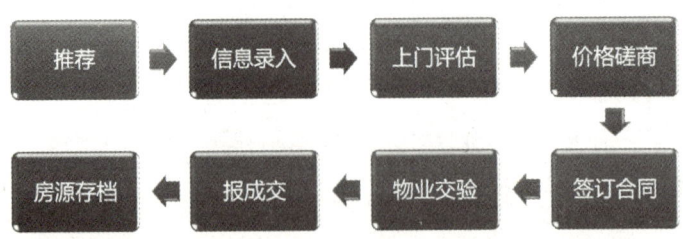

下面我们具体了解一下上面所叙的流程：

推荐：指接待中向业主推荐公司房屋管家这一服务产品。

信息录入：把业主房源信息录入 ERP 中，且在备注中注明业主对房管业务的认知程度（如果业主同意加入房管签完合同后在此信息上修改，此房为房屋管家）。

上门评估：评估小区环境、房源周边的交通状况、物业、供暖、配套设施、业主提供的家具家电、装修年限、格局等等。

价格磋商：指在评估后不离开房源，现场进行价格磋商。

签订合同：合同内容按照双方协商结果进行填写，绝对不可以胡乱承诺合同外的任何事项。

物业交验：严格按照公司提供的物业交验单进行交验，包括业主提出的注意事项记录在备注中。

报成交：与客户达成成交协议。

房源存档：合同签署完毕双方交接的物件房源存档，业主的电话、费用交接的方法，业主现在住的详细地址，包括住址电话和物业交验单上备注的内容进行房源存档。

（1）什么样的房子可以收房管

房地产经纪人需要了解，什么样的房子可以收房管？

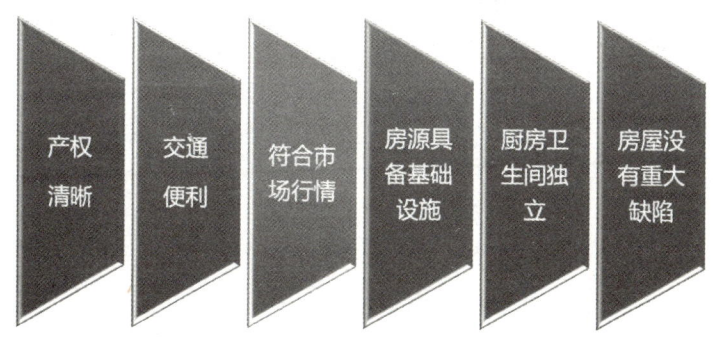

下面我们具体看一下要求：

产权清晰：业主能提供房产证原件或是购房合同、购房契约、购房发票。

交通便利：租户一般都会考虑交通比较便捷的地方租房。

价格符合市场行情：每套出租房的价格要符合小区同户型的价格（价格间段）。

房源具备基础设施：指四气，但是很多出租屋只有三气（没有空调的占一定比例）。

厨房卫生间独立：指房源的私密性，还指客户入住后不可以与其他人再分担发生的费用，如果房源不符合上面的两点不建议收房管。

房屋没有重大缺陷：类似下水管不通畅，起因不是使用不当造成而是整个楼房存在着管道不通畅的现象，这就是属于存在重大缺陷，所以收房前一定要规避这样的事情发生，以免给公司和个人带来风险。

（2）为什么有房管业务

房管业务的存在，是因为业主有"六心"：

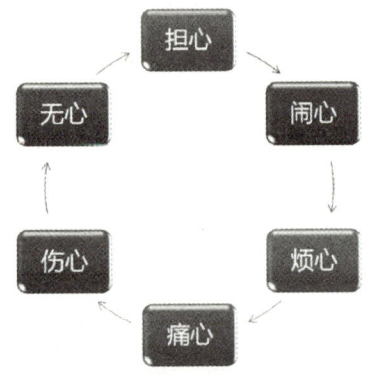

第一，业主无法识别租房客户的职业，让业主——担心。万一租户是个公安网站通缉的对象，没过多久警察来了，业主担不担心。

第二，不同的客户看房，就一定有不同的要求，让业主——闹心。

第三，一到交房租的日子，客户就躲着业主，让业主——烦心。

快交房租了，天天躲着业主，签合同的时候都说好的事情，提前交房租，结果上个月的房租还没交呢！

业主找一次，没在；再找一次，还没在。多烦呢！

说好住一年，两个月就退租。一年要是遇到两次这样的事情，让业主感到很烦心。

第一个客户要求要有全家电家具，业主配上了，价位又没谈拢，走了；过了几天，又来一个客户，家具、家电自己都有，要空房。

你说，业主刚买的家具家电，往哪放？天天这样多闹心呀！

第四，好好的房子，客户一点不知道维护，让业主——痛心。客户退租后房子变成了"公共厕所"。

第五，客户人走了，没交的费用留给了业主，让业主——伤心。

第六，工作太忙，业主没时间管理房源，让业主——无心。

这么多的烦心事，想让业主开心吗？加入房管吧，房管业务可以让你从此没有烦心事，从此笑起来。

(3) 房管对房地产中介的好处

第一，房管收益高。相对于普通租赁，业绩较多，比较稳定。

第二，提供良好服务，带来更高的品牌竞争力。房源独有，拥有主动权，随时看房，防止跳单；控制房源，房源独家所有，提高市场占有率。

第三，租售互动。租赁转出售，提升市场占有率，房管优势明显，给自己带来持续稳定的业绩。

基于以上房管业务对于业主的好处，以及对于我们中介门店的好处，这种种情况，公司有了房管业务，目的就是让业主在出租的过程中最大化地规避风险，同时公司实现最大化利润，员工实现最大化的绩效。

业主加入房管需提供：

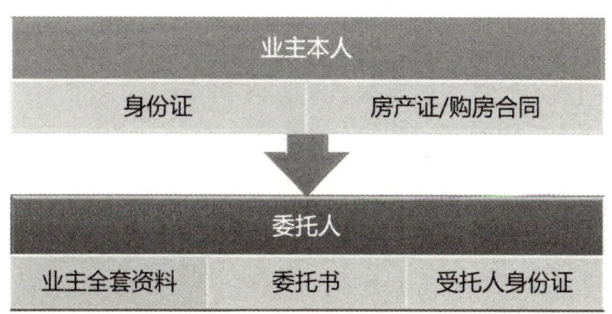

（4）房管的期限及收费方式

房管的期限最短 12 个月，最长 16 个月。房管期限的开始时间从委托起始日开始计算。

房管的收费，分两次收取：第一个月收取 30 天房租——代理佣金，第七个月收取 15 天房租——管理服务费。

房管业务与普通租赁的区别：

各种情况	普通租赁	房管业务
公司业务	居间	居间中保
合同方	三方	两方
付款方式	客户业主协商	押二付三（四、六、十二）
看房时间	不定	随时
维修问题	由业主决定	72小时内

委托期客户和业主不会相见，有问题由收房人或出房人进行调解。客户的付款方式有别于普租，为押二付三（四、六、十二）。

无论房价为多少，佣金由承租房管的客户承担。

附：大君导师中介服务点拨

房地产经纪人的有效带看，选择买家想要的房屋，可能的话事先查看，设定展示的时间范围，规划路线，为买家准备物业信息，要有必备的工具。

在一次带看中，一定要遵守公司的安全规定，假如允许一起开车前往，请买家说明他喜欢的房子。进入之前先敲门或按门铃，引导买家，但给予空间。回答问题，但指出不清楚的地方，询问什么是他们喜欢和不喜欢的，观察和聆听购买信号。

要求对你所展示的每一个房子做个决定，帮助买家将他们看过的房子在心里排出优先次序，了解为什么，重新考虑"想要"和"需求"。

Chapter 7

谈判有术，注意房地产销售过程中的磋商谈判

谈判的目的是形成双赢的局面，要尽可能满足双方的第一需求，以气势掌控局面而不是以气势压制任何一方，建立彼此对等的地位，谈判较易成功。不要损害诋毁藐视无辜、第二者的利益，应见招拆招从专业上、逻辑上应对他，用热情的肢体语言感染对方。

1. 磋商谈判的意义

一说起谈判，人们就想到谈判桌上，唇枪舌剑，你来我往较量的场景，其实生活中的谈判远远不止于在谈判桌上的。

谈判是处理分歧和冲突的有效手段，在房地产销售过程中，客户与房东需要谈判，客户与置业顾问需要谈判，置业顾问与房东也需要谈判。卖方总是希望价格高一点，而买方总是希望价格低一点。双方有分歧，最后再一起经过协商，达成一致，这就是谈判。

谈判的目的是为了成交：

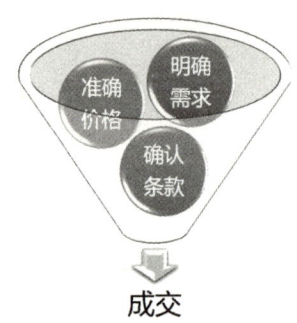

成交

没有人否认,谈判各方都是为了"利益"两个字而来的。在一般情况下,谈判就是在瓜分利益。

在房产销售的谈判中,如果房东要价高,客户就要多出钱。

在成交之后,签了协议,房东握着客户的手说:"告诉你吧,如果你刚才多坚持一会儿,我就让步了。刚才你要是还价还得再狠一点,我可能让给你更多。"第一种模式恐怕是最笨的模式了。这样会让对方回家睡不着觉。对方会想,这个小子,占了便宜还卖乖。

各位,这是一种最笨的结束谈判的方式,还有一种最聪明的结束谈判的方式。

谈判结束后,一定记得真诚祝贺对方,要知道,对别人的赏识是一种力量。谈判结束时,你要恭喜对方。客户说:"你的坚持让我多付了 2 万元,你真是谈判的高手!"

磋商谈判的意义,在于双方都感觉赢得了谈判。比如,房东期望价格是 150 万元,在谈判时,要价 160 万元,通过讨价还价,最后 155 万成交。房东觉得赢得了谈判,因为比期望值多出 5 万;客户也觉得赢得了谈判,因为讨价还价省下了 5 万。

谈判是一种双赢。比如,两个人分一个橘子,他们都想得到这个橘子,于是他们开始了谈判。谈了半天,他们讨价还价,觉得最好的分配方法就是把橘子分成两半,一人一半。不仅如此,为了公平起见,他们中的一个人来切,然后另一个人来选,这样就皆大欢喜了。

可是在谈判结束之后,当他们在交流自己最初的目的时,双方却发现,原来其中一个人想榨果汁,而另一个人想用橘子皮来做蛋糕。这样,他们最终意

Chapter 7 谈判有术，注意房地产销售过程中的磋商谈判

外地找到了一种更好的分配橘子的方法，使得双方能够得到他们想要的东西。

现在我们来探讨一个问题：在谈判时，怎样才能让对方觉得，我们并不是想和他瓜分眼前的这块蛋糕，而是，希望通过与他合作，把眼前的这块蛋糕做大？

希尔顿在达拉斯希尔顿饭店时，由于筹措资金不足，开工不久后就陷入了停工的窘境。

为了渡过这个难关，希尔顿决定去拜访地产商杜德。之前希尔顿饭店的地皮就是从杜德手里高价买过来的。

听了希尔顿的困境，杜德事不关己地说："那我也没有办法了，只好停工了。"

希尔顿："可是，如果这样停工的话，恐怕，你的损失比我的损失还大。"

杜德吓了一跳："你这话什么意思？"

希尔顿："因为我的饭店停工，你附近的地皮就要受到影响，如果我再宣传一下，说我不继续盖是因为这是不符合我的理想，我想另外选址，这样的话，你的地皮就不值钱了。而且，根本没有人会怀疑我没钱，因为我已经拥有好几家高级饭店了。"

杜德沉默了一会儿，说："你来找我，是为了什么？"

希尔顿道："我有一个两全其美的办法，就是你出钱把饭店盖好，我再来买。"

看杜德一脸的不解，希尔顿又解释道："这个意思就是，你把饭店盖好，卖给我，我可以分期付款给你。重点是，只要饭店不停工，你的那些地皮就有升值的空间，再搭配我的行销手段，你肯定不会吃亏的。"

虽然希尔顿有点耍无赖的手段，但是也是在困难时，无奈的选择。杜德考虑到，为了以后的发展，只好答应希尔顿的条件，替他盖楼了。

希尔顿没有拿出蛋糕与杜德来分，而是把他拉下水，让他无法置身事外，更技巧地避开了钱这个伤感情的议题，而是把眼光放得长远，关注到杜德的土地升值的"未来"上，更强调如果双方不好好合作，未来是相辅相成的。各取所需才能共赢。

试想一下，如果希尔顿单纯地向杜德借钱，把谈话的焦点全部放在钱上，精明的杜德不会这么容易就范的。

2. 磋商谈判的内容

磋商谈判中，影响成交的主要因素包括：

房屋价格	业主贷款	付款方式	交房时间	留存物品	佣金折扣	双方态度

房屋价格：

- 打破僵局、让一方先出价
- 根据市场或竞争对手情况去应变
- 业主涨价：说服客户方式
- 客户砍价：说服业主方式

业主贷款问题：

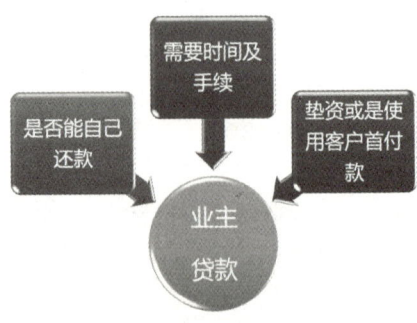

付款方式：

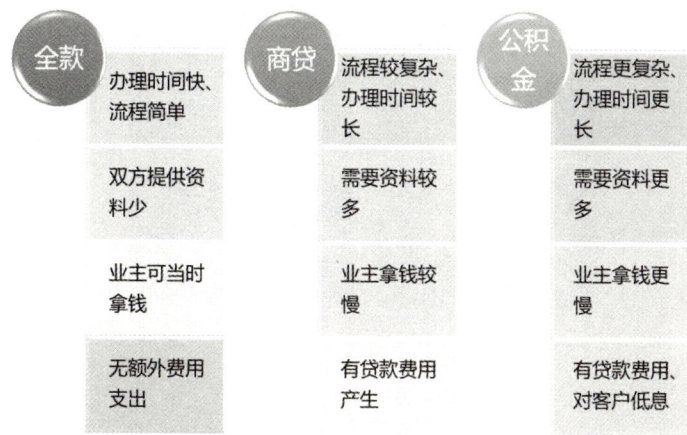

交房时间：

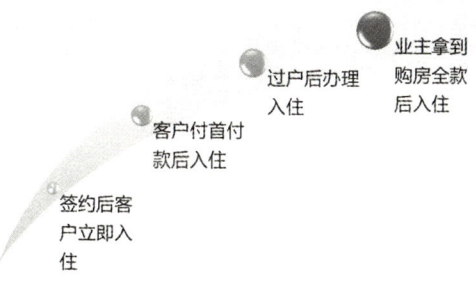

留存物品：

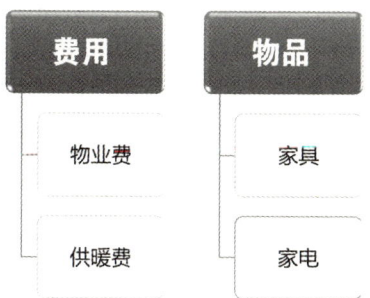

佣金折扣：

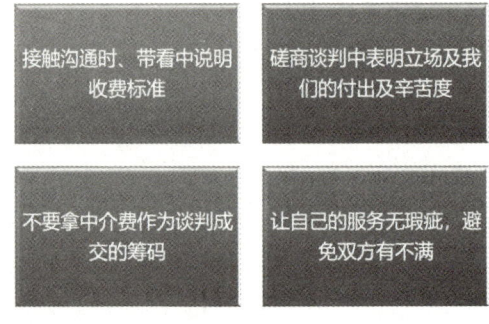

双方态度：

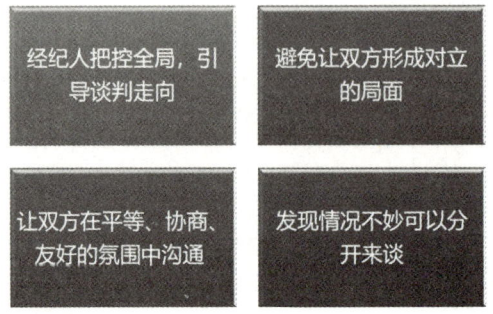

3. 磋商谈判应注意的事项

时间是你最宝贵的业务资源，充分利用每一分每一秒，时间积少成多！

此时此刻你应该：每天寻找机会见客户、发名片和提供服务；向经理或店长询问关于买家委托及公司政策。

谈判双方都在努力期待，在交易中获得优惠条件。人类的本性是：当你买房的时候，你的钱可以买到最好的房子；当你卖房的时候，你的房子可以卖到最多的钱。

谈判方法有两种：分配谈判和整合谈判。

Chapter 7 谈判有术，注意房地产销售过程中的磋商谈判

分配谈判	整合谈判
・或失或得 ・多得多占 ・占据优势 ・一人获利、一人损失 ・讨价还价 ・最后通牒	・双赢 ・关注潜在需求 ・努力创造价值 ・分享问题，不单打独斗 ・高度信任和默契

谈判过程如下：

准备 → 提出条款 → 体现你的定位 → 评估对方的建议 → 回复

记住，代理关系决定你在谈判过程中的角色。如果你对代理关系有问题，请和你的经理或店长了解。

第一，谈判准备。

确定理想的结果，如果不能达成协议，评估替代方案。确定你的底线，预测其他方的动机、紧迫程度、期望并选择方案。

第二，出价条款。

考虑你最重要的谈判目标，注意你的境遇，评估市场环境，选择你的战术。

第三，体现你的定位。

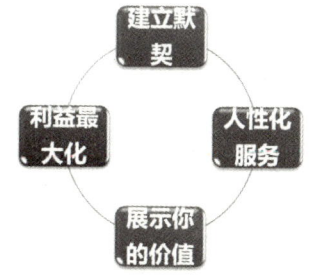

建立默契 — 人性化服务 — 展示你的价值 — 利益最大化

第四，评估对方。

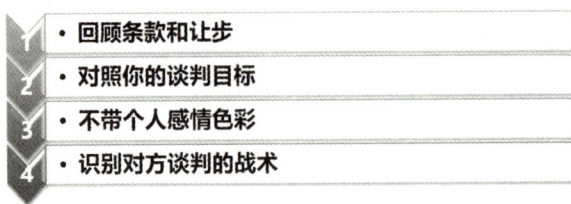

第五，回复。

选择合适的时机，认清可能收益或被耽误的风险，考虑利益并获得最终解决方案，发出一份适当的回复。

影响合同条款达成的情感因素：

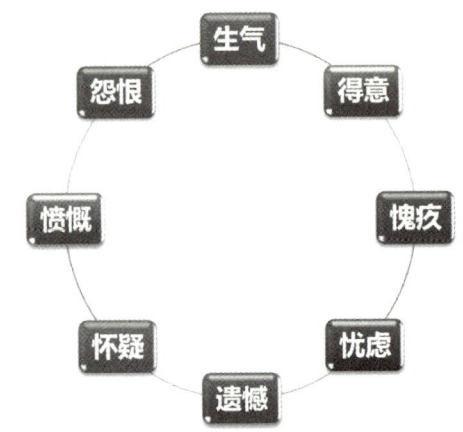

成功谈判的障碍：

认定谈判战术：

战术	说明
价格战	令出价者自己做心理斗争
制造难题	制造难题，然后做出让步
打擦边球	对于特殊条款不要做过多解释
假象	不要讲述一个需求或条件的重要性
截止日期	虚虚实实,使其被迫做出决定
高期望/低期望	第一次出价就让对手感到期望破灭
为5分钱硬币战斗	联系从小的方面讨价还价

谈判规则如下：

保持对对方的尊重；保持冷静，不要情绪化回复；谈判方都需做出让步；时间可以帮你也可伤害你；关注全部条款，而非单一条款；即使做出让步也能保持出价有效；强调签署协议的好处。

延长的谈判——接受出价。

风险
- 失去时间
- 买家或卖家的情况可能转变
- 时间的延长可造成情绪的变化并提出苛刻要求
- 会造成新的竞争者出现，可能出现额外的出价
- 买或卖的机会可能会失去

好处
- 急躁的脾气可降温
- 可以获得更好的价格和条款

当你不是卖家经纪人：

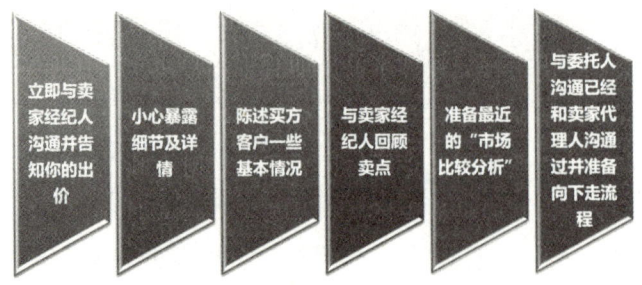

当你是卖家经纪人：仔细研究出价，为了澄清细节要询问买家经纪人，安排约会介绍情况，可能的话在你办公室见面，不要在电话中分享细节，更新"市场比较分析"。

最佳操作方式：

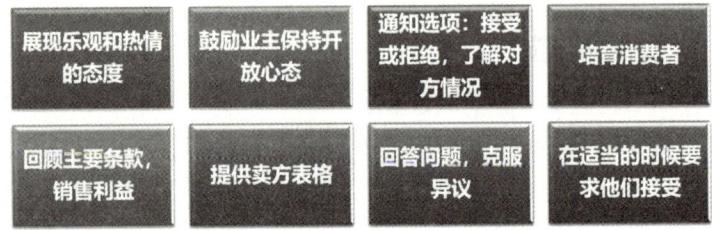

提交出价：重新回顾卖家的时间要求，动机和需求；培育买家；保持价格直到最后；提交条款，适时请求做决定；提交价格，克服反对。

结束交易：

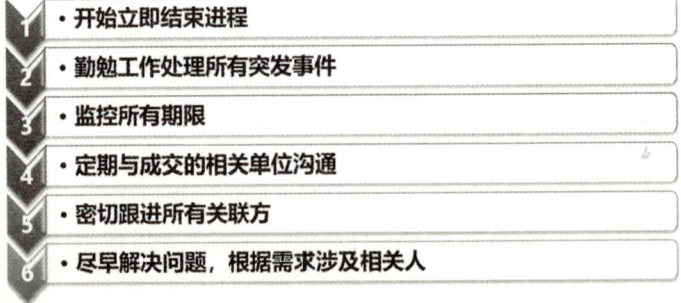

4. 磋商谈判的实战技巧

磋商谈判的双方，最先关注的是房屋价格。

打破僵局、让一方先出价，另一方根据市场或竞争对手情况去应变。

在房地产买卖中，如果卖方先报价呢？

这时，你一定大喜过望，因为这完全在你的期望值内。你会庆幸多亏自己先问了价。而先开出价的一方，无疑处在了谈判的劣势下。

谈判的实质性阶段是从报价开始的，到最终签订协议或败局结束，双方会在这个过程中，对交易的内容和条件进行谈判。

而报价就是谈判的起点。在你不了解对方的期望值的情况下，怎么报价，谁先报价，就显得尤其重要。

（1）先让对方开出条件

报价是指谈判双方往往通过探求对方的底细，在明确了交易的具体内容和范围，以及讨论磋商的基本议题后，提出报价，表明自己的立场和利益需求。报价是指包括价格在内的整个交易的各项条件。掌握报价阶段的策略与技巧，是谈判人员必须要做到的。

如果最先报价的一方的报价落入对方的期望值内，这将对另一方非常有利。下面这个关于房屋租赁的案例很好地说明了这一点。

北京一白领欲在一个自己较陌生的地段租一房子居住。在与房东的交流中，他最先报价。

白领：这个房子不错。一年 5 万元，我就租了。（可能觉得自己有些厚脸皮）

房东：那就 5 万吧，我们这就签订合同。（很轻松）

白领：……（张口结舌）（原来房租应该是可以便宜的呀……）

瞬间就达成了协议。入住了一段时间后，白领咨询了一下附近的房客，原来大家只要出 4.5 万元就可以租到甚至比自己居住条件还好的房子。也许房东认为，自己的房子出到 4.5 万元就是一个好价格了。

租房的人最先报价，正好这个价格达到了出租人的期望值，这对于出租人

来说无疑是天上掉下来馅饼的好事，局面会对出租人非常有利。

如果房东先报价，也许出现的情况会是这样的：

白领：你这房子多少钱向外出租。

房东：4.5万元，我就租给你。

白领：（我原先准备5万元租下来，幸亏自己还没开口说，看来还能便宜。）4万元怎么样？

房东：折中一下吧，4.25万元。

白领：好吧，成交，签合同。

从一开始，在对手毫无准备的情况下就把自己有限的东西全部交给对手，这样的话，对方会说："谢谢你的给予，承蒙关照，我们占了个大便宜。"但也仅此而已，我想这种做法，恐怕不叫谈判，而改为赠予了。

我们看到，无论是房东还是白领首先报价，那么谈判的主动权就落入了对方的手里。所以，我们要想办法让对方先报价。只有这样，才能在对自己有利的条件下签订协议。

在一些情况下，我们很难明确对方的最低期望值，而谈判的过程，是一个数据精准的过程，当你不知道对方的底牌时，往往会过高估计对方的谈判姿态，先开口时，就不敢太苛刻，要求自然就不会高。其实，这种在谈判开始，就放低姿态的行为，对谈判的主动权控制是没有一点好处的。首先，最先开口要价，开出的价码可能会落入对方期望的范围之内，一旦这样，谈判者一上场，就失去了他的谈判阵地。

一定让对方先开出自己的条件，要做到这一点并不是多么难的事。因为这是占据主动的唯一方法。如果对方想引诱你先开出条件时，你不妨大胆地告诉对方："是你找我的，如果你想谈生意，请告诉我你的条件。"

（2）磋商谈判中的"讨价还价"

对于房东来说，仅仅开出高于自己期望的价格还远远没有达到目的，让对方接受才是目的。开价的高低决不在于自己价格是否苛刻，关键是对方购买的诚意，房子是不是对方所需要的，这是谈判的基础和关键。

报价的时候应该坚定、明确、完整，并且不加任何解释和说明。在报出开盘价的时候，要坚定、果断，不保留任何语尾，毫不犹豫。这样才能给对方留下认真而诚实的好印象。如果你说话欲言又止，吞吞吐吐，必然会给对方产生不良感觉，甚至会对你产生不信任感。

报价时不要对价格做过多解释、说明和辩解，因为对方不管你怎么报价，都会提出质疑的。如果在对方没有提出问题之前，你就主动加以说明，这无疑是此地无银三百两的做法，提醒对方注意到你报的价格有问题。因此，过多地说明和解释，会画蛇添足，把破绽主动暴露给对方，让对方很容易找到突破口，向我们猛烈地反击，让我们十分难堪。

卖方涨价，买方砍价，就是磋商谈判的过程。说服对方的方式，通常使用折中政策。比如：

在我们这个国家，人们貌似形成了一种根深蒂固的公平观念。双方都应该做同样的让步，才算公平。比如你去买房，房东要 220 万，而你只想出 200 万，如果双方成交的话，那就 210 万元，各让一半，这样比较公平。

不要以为这样成交的价格就 100%的公平合理。未必是这样的，因为买东西，要看这个东西的实际价值，而不是根据对方的报价，对方的报价如果是合理的，当然有可能成交价格就合理，但是，如果对方不合理呢？所以，一切成交的价格还要看产品的实际价值。

当双方之间没法解决价格问题时，折中也是一种解决问题的好方案。先抛开这个错误的观念。我们来看谈判高手是怎么折中对方报价的吧！只要你将报价折中两次，你就可以把双方的价格差距变成 75%/25%。

如果你能够再多分配几次，或许还可以得到更好的价格。

千万不要陷入误区，以为只有对价格折中才是公平的做法。当双方价格出现差距时，不一定要取中间价格，因为你通常会有多次讨价还价的机会。

我们常说，砍价要狠，让步要稳。人们总是会珍惜难以得到的东西，太容易得到的反而不去珍惜。所以，为了能够在谈判中，让对方满足、快乐，就要让他们努力去争取，不要爽快地一步让到位。

不管多么有利的立场，一旦做出让步，就会轻易暴露你的谈判底线，使自己陷入被动的局面。同时，对方也会改变他的看法，本以为你是一个难以攻破的堡垒，没想到你是一个稻草人，装样子。

但是，在谈判中，让步又是必要的。所以，为了在谈判中不至于陷入被动的局面，让步一定要讲究原则和尺度。让步包含两种因素，一种是让步的幅度，另一种是让步的次数。无论对方如何软硬兼施，你向对方让步的次数不要过频，幅度也不要过大。

当你打算让步时，你首先要考虑你让步的价值，如果对方对你的让步不看重，即使你白送给他，他也不会领情，甚至会激起他的怀疑心，也许他让步另有所图吧。

让不是无原则的让，在谈判时，通过自己做出让步，争取对方的让步。公司方面一直在让，客户一直让，最终达成了和解。但是，这不是无原则的让步，让步是为了尽早实现和解。所以，最初所做的让步，应该是最大的让步，之后再做让步时，每一步都比上一步要小。

每次让步都给予对方一定的优惠，表现出了与对方合作的诚意，同时也保全了对方的面子。不要大幅度地让，要一点一点地让，慢慢谈，慢慢磨。你不要奢望自己一让步就能达成协议。进行谈判时，让步的幅度一定要逐步减小。

如果你让步很小，对手会想，这是最大的让步了。就表明所接受的让步是最好的让步了，恐怕再没有让步的空间了。看来对方是真的不能让了。我们赶快做出决断吧。如果你让步越来越大的话，对方会想，也许还会有更大的让步呢？再等等吧。如此一来，你的对手就像着了魔一样，一直不愿意做决断，一直痴情等待你的下一次让步。你肯定会被对手逼疯。

如果你的报价已经让到了最底线，那么如果还需要继续让步的话，可以考虑在物流和售后上做出适当让步。谨记价格的底线涉及企业最基本的利益，绝对不能轻易让步，否则整个谈判毫无意义。

很多谈判者，在准备阶段条理清晰，但是到了正式谈判时，却方寸大乱，丧失原则，最后捶胸顿足。为了避免错误发生，谈判人员可以提前写好每个阶段的让步尺度，以避免发生混乱。

在谈判中，最后关头前功尽弃的情况并不少见。优秀的房地产经纪人都是善于成交的高手。不善于成交的人，是不成熟的谈判者。

我们从谈判开始做的每一件事，营造谈判氛围，了解对方情况，各种讨价还价和说服等，这一切都是为了最后的成交。不能成交的人，犹如经历漫长的艰苦训练，比赛时，一路领先，最后关头被人超越，那种失败的滋味是很难过的。

很多房地产经纪人一直抱怨，在成交之前，我一直干得不错，但是突然就没有后劲了。其实，深层次的原因是，前期谈判活动造成的。如果一个房地产经纪人在整个谈判过程中一直表现得很出色，在成交时绝对不会遇到困难。

这是一宗办公室租赁的谈判：

每月的租金数额、租赁的时间等，一切基本条件都谈好了。双方马上就要签字了。

承租人：能不能免除前两个月的租金。

房地产中介与房东商量，达成一致意见：同意。

我们看到这是发生在我们身边一个很普通的谈判，当然承租人很了解房屋中介他们的租赁市场。

作为房地产中介来说，他不想因为区区两个月的租金而失去到手的中介费。作为房东来说，他会想，两个月的租金失去是挺可惜的，但是闲置房屋不也是一种浪费吗？在很长的一段时间内，对方都会付给我房租的，两个月的房租就算了。

（3）磋商谈判避免陷入对抗

在房屋买卖的磋商谈判中，买卖双方讨价还价避免不了，如果与对方针锋相对，效果不一定会好，甚至会引起更多的麻烦。

若"先同意，后反驳"，巧妙借助于对方的话题发挥，不仅可以避免谈判陷入僵局，而且可以更容易让对方接受我们的条件。每个人的内心深处，都希望能够得到他人的认可，如果你满足一下他的这个需求，就有利于营造一种双方彼此协商、相互体谅的良好的谈判氛围。

作为一名成功的谈判者，谈判刚开始说话时，要小心，即所谓的三思而后行。哪怕你完全不同意对方的观点，也千万不要立即进行反驳。如果反驳，你们的立场马上会变得更加对立。

遇到这种情况，处理的最好办法就是，你先不要表示反对，然后慢慢地表述出你的观点。你不妨这样告诉对方："我完全理解你的感受，在仔细考虑了你的那个问题后，我发现……"

比如，房东报价后，客户认为这个价格太高了，而拒绝交易。如果双方发生争论，客户会拿出很多理由来证明你说的都是错的，而客户是对的。如果你这样告诉客户："我完全理解你的感受，很多人第一次听到这个价格也是这么想的，可你仔细分析房子的位置、装修、学位、交通、升值潜力等，你就会发现，我们的性价比是很合理的……"

所以，在谈判中，你要谨记：

①在谈判中，如果对方表达出了对你非常不利的观点时，千万不要和对方争执，这样就会导致对抗。

②使用先赞同再反对的方法扭转对抗的局面。

③如果对方表现出一些敌意的行为时，请三思而后行，冷静下来，思考对策。

有些人在谈判遇到一些问题时，总是会变得不耐烦，拼命地想说服对方改变立场，经验表明，这种做法只会适得其反。比较有效的做法就是和对方推心置腹，打破谈判的障碍。此时亮明自己的观点，可以化解双方的分歧。

即使一开始几乎无法达成交易，也不要直接拒绝对方，而要通过不断给对方的报价附加条件，这样交易就会持续下去，双方最后都能得到满意的结果。

（4）谈判成功经纪人的"中间立场"

买卖双方谁也不想输给对方，更不想在谈判中让步，这样就陷入了僵局。进入僵局，双方都僵在了那里。情况进一步恶化，就变成了死胡同。

这时候，需要一个中间人——房地产经纪人派上用场的时刻。

中间人干什么？

房地产经纪人在磋商谈判过程中，需要注意以下事项：

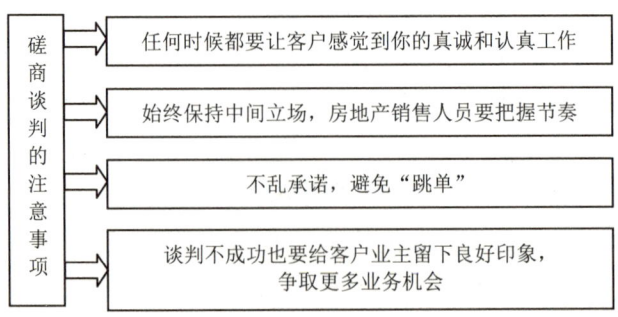

房地产经纪人作为中间人，没有给买房卖房双方决策的权利，但是中间人不要偏袒任何一方，在买方卖方之间来回穿梭，说服买方让步，给出较好的条件，然后说服卖方让步，也给出比较好的条件。因为第三方是客观的，所以比较让双方容易接受，双方都让一步。

房地产经纪人作为调解人，没有什么权力，其作用通常只是帮助买卖双方达成解决方案，只是起到催化剂的作用，帮助谈判的双方，通过自己的力量找到一个双方都认为合理的解决方案而已。

我们来看这样一个案例：

卖房人将卖房信息发布在网络上，引起一个买房人的注意。于是，通过一家房地产中介，双方约好进行谈判。

但是，买方和卖方在价格上一直无法达成一致。

卖方：低于200万元不卖。

买方：不能超过160万元。双方都不肯让步，谈判陷入了僵局。虽然双方不能达成一致意见，但是也不想放弃。

该怎么办呢？

双方最后想到：选定一家权威的中立房产评估公司，让他们给出合理报价。于是，双方找到了这样一家公司，请求为该房地产作公平报价。

一周之后，该房产评估公司的报告出来了：180万元。该报告针对买卖房屋周边的房屋价格进行仔细评估，并根据最近几次附近房产实际交易情况做出了报价。

最终，双方都接受180万元的报价。

房地产经纪人作为中间人，虽然没有决策的权利，但是中间人可以引导双方各让一步。成为中间人很重要的前提条件是必须绝对保持中立，双方都承认他是第三方才行。当双方谈判进入僵局时，找一个中间人或者仲裁人，否则双方都下不来台阶。谈判目的最终是要解决僵局。

（5）谈判失败是因为你触碰了这些雷区

很多人说销售是最好做的工作，因为入行门槛低；但也有很多人说，销售是最难做的工作。因为只凭一张嘴，先要找到，然后再解答客户的各种疑问，

嘴巴都说干了，客户还在迟疑犹豫要不要签单。

为什么呢，因为你可能踩到了销售的雷区，使客户不自觉地放弃了购房的想法。

第一，贬低自己得不到"同情票"。

在销售过程中，最怕的就是房地产经纪人总是贬低自己，期望得到别人的同情。"贬低自己"就是把自己的短处暴露出来，企图以弱示人，其实并不是没有真本事，只是期望通过这样的方式来得到一些"特殊待遇"。

很多房地产经纪人面对客户时，总会这样说：

"最近业绩很难做，想请您帮个忙！"

"这个月运气实在是很差，一个单都没有，您要是不帮我，我就完蛋了。"

"这个月还差100万元的业绩就升经理了，真的拜托您了。"

先示弱表明自己的难处，祈求对方能够同情。

虽然无法判断这样示弱的内容是真是假，但也不能否认这种方法偶尔也能奏效，例如你的客户是你的老朋友或是一个老实人，尤其房地产经纪人对自己的亲朋好友进行这样要求时，对方通常难以拒绝。但是因为这种"以弱胜强"的策略在特殊情况下有效，便把这个当成销售的公理，是极端错误的。

社会学家统计发现，"贬低自己"的做法，是效果最差的示弱方法。会使用这个"技巧"的人，内心多半觉得自己示弱只是权宜之计，但客户就不这么认为了。通常情况下，客户会信以为真，认为你是一个"失败者"，他们是因为"同情你""想帮助你"才买房，而不是自己真的需要。

第二，面对客户贬低竞争者。

如何评价竞争对手，最能反射出房地产经纪人的素质和职业操守。遇到客户询问竞争对手的情况时，最好能客观公正地进行评价，不夸大对手的缺点，也不隐藏对手的优点，让客户从你的评价中感受到你的个人素质和修养。

记住：贬低别人并不能抬高自己。

房地产经纪人诚实、正直、信守承诺、实事求是、客观公正，这些闪亮的品质都会帮你在客户那里获得加分。当然有了这些还是远远不够的，还要充分利用多种交流方式让客户和自己紧紧地黏合在一起。

充分了解你自己所能提供的解决方案的一切优势，明白如何将优势和客户

Chapter 7 谈判有术，注意房地产销售过程中的磋商谈判

的现状结合起来解决客户的问题，为客户创造价值。

充分了解主要竞争对手的优劣势，明白如何在宣传自己优势的时候打击主要竞争对手，为竞争对手设置障碍。新入销售这个行业的时候，我曾被反复要求"不能当着客户的面说竞争对手的坏话"，后来我琢磨明白了，这句话应该还有后半句，你的宣传重点都是针对竞争对手的弱点。

全句应该这样说，"不要直接和你的客户说你竞争对手的不好，而要彬彬有礼地只讲自己，不评价竞争对手"，但你的宣传重点一定要针对你竞争对手的弱点。

第三，让客户消受不了的"热情"。

做好房地产销售工作，要积极，不要着急。"积极"和"着急"会给人完全不同的感受，前者是露出想要解决问题的决心，而后者是让你暴露自己的底线和死穴。

很多房地产经纪人为了达到目的，对客户过度热情，往往适得其反。你不要忘了，销售中取得你"想要的"，是公司和领导要你达到的目标。

一个客户和一家房产公司的销售人员在一个小区的楼下会议室里谈合作。谈完后，乘电梯上楼，等电梯打开出门时，正面走过一个人，非常热情地递给他一张卡片，然后喋喋不休地开始寒暄起来。

这份过度的热情，让客户感觉非常别扭。

最终，这个客户搞明白了，原来这是另一家房地产中介的销售员，碰巧看到他们在楼下交谈，于是不失时机地急匆匆上来拦截，想争取机会。客户一开始还吓了一大跳。多亏自己是男士，如果是女士，这样冷不丁地冲上一个人来，还以为是入室抢劫的"江洋大盗"呢？

当你的这份"热情"是急于向对方要成交的结果时，难免在无形中给客户施加了压力，问题是，当你不是对方唯一的需求来源时，对方为什么要承受你给的压力呢？

第四，口无遮拦，不守礼数。

在工作中，很多房地产经纪人总是喜好口若悬河，不该说的也口无遮拦地一并倾出，也不管客户喜不喜欢听。如果你只是卖弄你的"口才"，那么你将失去当前的这个客户。

因为一个言谈没有丝毫节制的人，只会让人讨厌。正如古人云："待人而留有余，不尽之恩礼，则可以维系无厌之人心；御事而留有余，不尽之才智，则可以提防不测之事变。"

可见，说话要给自己留有余地，不能总是口舌如剑，先刺出去而不计后果。与人言谈，对房地产经纪人而言，是你成功的捷径，但是并不是让你冲锋陷阵、不管三七二十一地乱说一气，这样最终只会害了自己。

某城市的郊区大盘，一个销售员正在口若悬河地向客户讲解房子的优势，尤其讲到房子会带公立小学的学位。

其实这位客户对房子价格还是很满意的，一开始并没有注意到学位问题。听销售人员提到，反而格外注意。

但是学位只是这位销售人员信口开河，开发商并没有承诺。最后，因为学位问题放弃了购房。由于推销员口无遮拦地说大话，导致这次推销的失败。

因此，房地产经纪人在工作中，说话一定要留有分寸，要从大处着眼、小处着手，说话三分，中听就行。在细节上尽量做到精益求精，尽量不要让人挑出一大堆毛病来。

其实，只要我们说话得体，懂分寸，知深浅，不厚此薄彼、处处为难别人，那么你的生存空间就多了一条路。

口无遮拦，不守礼数，会让你寸步难行。那么房地产经纪人如何说，才能得到客户的认可呢？

首先，说话不要太过，不说违背常理的话，房地产经纪人在推销房子的时候，不要夸大房子的优点，更不要无中生有。

其次，房地产经纪人在说话时，不要太绝对。当你听到别人对你说"事实就是这样的"，你难免对这样绝对的话没有一种排斥感。所以，与其被人挑刺，不如把话说得委婉一些，给自己留下缓冲的余地。

再次，房地产经纪人说话切忌前言不搭后语，要以诚待人，说到做到。

最后，房地产经纪人说话不要太刻薄，要懂得装饰自己的语言。当我们为了成交与客户交谈时，说话要圆润一些，不要惹恼对方。不伤人，不损己，给自己留下回旋的余地。

5. 磋商谈判的成果——合同的签署

合同是平等主体的自然人、法人、其他组织之间的设立、变更、终止民事权利义务的协议。合同在本质上是一种协议、契约,是约定合同主体各方应尽之义务及应享之权利。

协议是合同的一种形式。

房地产合同是指在土地使用权出让和划拨、房地产开发、房地产交易和物业管理过程中当事人之间设立、变更、终止权利义务关系的协议。

合同的构成要件包括主体、客体和内容。其中内容是指:当事人的名称或姓名和住所,标的,数量,质量,价款或者报酬,履行期限、地点和方式,违约责任,解决争议的方法。

(1) 合同的订立

当事人订立合同,采取要约邀请、要约、承诺、合同成立四个过程;其中要约和承诺是订立合同的必要过程。

要约:一方当事人以缔结合同为目的向对方当事人发出的意思表示;如果得到对方的承诺,合同即告成立。内容具体明确;表明经受要约人承诺,要约人即受该意思表示约束。

承诺:是受要约人同意要约的意思表示。承诺生效时合同成立;承诺的法律意义在于要约已经受要约人的承诺并送达要约人,合同即告成立。

房地产合同的订立原则:

房地产合同生效的要件：

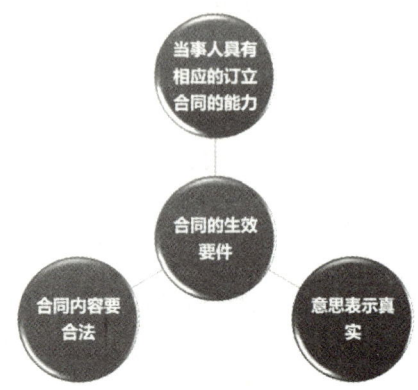

合同无效：是指合同已经具备成立要件，但因其在内容或形式上违反法律规定，缺乏一定的生效要件，因而自始、确定、当然的不发生法律效力。

房地产合同的成立与生效是两个不同的法律概念。

合同无效的原因，包括：一方以欺诈、胁迫的手段订立合同，损害国家利益；恶意串通，损害国家、集体或者第三者利益；以合法形式掩盖非法目的；损害社会公共利益；违反法律、行政法规的强制性规定。

（2）买卖类合同

买卖类合同包括：房屋出售居间协议、房屋购买居间协议、买卖合同、佣金服务确认书、贷款办理委托协议、买卖合同附件。

签订买卖协议前应调查事项：

首先，关于卖方（甲方）：出售人必须是房屋所有权人，且持有房地产权属证书，即房地产权证或房屋所有权证和土地使用证；同时出售人身份证明合法，已婚的夫妻双方都必须到场，一方无法到场须权属委托（公证）；未婚的须出具未婚证明；离婚的要出具离婚证、判决书或协议书及未再婚证明。委托代理转让的，则应查验房屋所有人依法签署的委托书和委托人的合法身份证明。

其次，关于买方（乙方）：买受人的身份证明合法，若有代理人，其代理人持有授权委托书且身份证明合法。

最后，关于房屋方面：搞清楚房屋产权来源，是购置房还是安置房，是自购的还是继承的。查清房产是否办理过抵押，有无出租，有无共有等状况。依照我国法律，买卖不破租赁，但承租人有优先购买权；买卖不破抵押，但抵押人应通知抵押权人，并告知购房者抵押情况，否则其转让无效。

签订买卖协议前应调查事项：

若房产办理抵押，抵押人应通知抵押权人并向买受人出具抵押权人同意转让的书面文件；

若房屋已出租，则出售人应向买受人出具承租人放弃优先购买的证明；

若房屋为共有房屋，则出售人应向买受人出具其他共有人放弃优先购买的及同意转让的证明；

房屋转让时，其附属设备、共有部分、共有设备与房屋自用部分、自用设备同时转让。

买卖双方须提供的证件：

签约前须准备的工具：

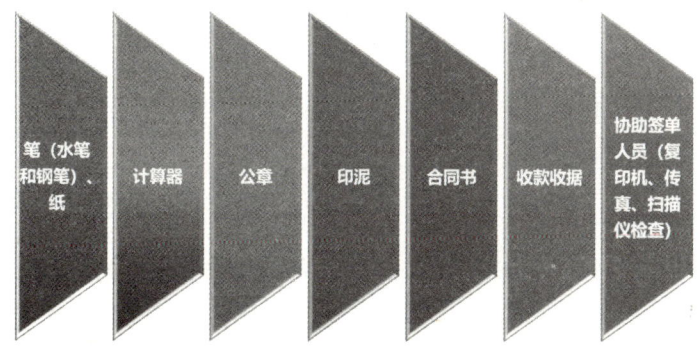

二手房买卖协议条款解析：

当事人：当事人的名称或姓名、住所、营业执照号或身份证号码、联系方法等，以免出现欺诈情况。

标的须写明事项：房屋的位置（按照产权证上的详细地址填写）、用途、面积（按照产权证的面积填写）。

价款：总房款须用大写。

定金（不是订金）：不得低于总房款的5%且不得超过总房款的20%，超出的部分不属于定金的范围，定金以何种方式支付。

税费的承担：由谁来承担交易的税费。

付款方式：一次性付款；分期付款，分几期；按揭付款（普通按揭及公积金按揭、阶段性担保转按揭）。

交房时间：现房的交房时间及期房的交房时间。

水、电、煤气、有线、物业管理费五费等相关事项的交接。

中介佣金：签订本协议时收取。

违约责任：重要说明哪些属违约情形，如何承担违约责任，违约金、定金、赔偿金的计算与给付，在什么情况下可以免责。

房屋的附属设施，财产清单等应详细标明。

解决争议的方式：主要约定解决争议是采用仲裁方式还是诉讼方式。

补充约定：合同生效条款，合同中止、终止或解除条款，合同的变更与转让，户口迁出约定，附件。

合同签署须注意的事项：

买卖双方签署姓名须用正楷签署；

委托人代理签署的须在委托人栏上进行签署；

合同必须要有我们中介方签字盖章，公章要盖正；

日期要填写。

(3) 租赁类合同

租赁类合同包括：房屋出租居间协议、房屋求租居间协议、房屋租赁合同、租赁合同房屋交割单。

租赁合同条款的解析：

第一，当事人出租方及承租方的姓名名称、证件号码及联系地址及电话。

第二，标的物：具体的物业地址。

第三，租赁用途：居住/商业/办公/餐饮/娱乐。

第四，租赁期限：一般期限是在 20 年以下的，超出 20 年的部分无效。

第五，租金及交付方式、递增方式。

第六，修缮责任。

第七，转租权约定。

第八，变更和解除合同的条件。

第九，违约责任。

第十，房屋租赁双方的权利和义务。

第十一，当事人约定的其他条款：装修期约定，租赁税约定，营业执照约定，工商税务、违法经营风险约定，违约装修费赔偿约定。

房屋租赁过程中的注意事项：

优先购买权：承租人对租赁房屋享有优先购买权，但前提条件为同等条件下。

买卖不破租赁原则。

租赁房屋装修投入的承担：此种装修实质属于我国民法规定的添附，处理原则：当事人约定原则、侵权责任原则、公平合理原则、违约责任原则。

房屋租赁合同的登记备案。

（4）风险防范

风险就是损失发生的不确定性。

风险管理是指中介公司对风险进行识别、衡量、分析，并在此基础上有效地处置风险，以最低成本实现最大安全保障的科学管理方法。

第一，产权纠纷引起的风险及防范：

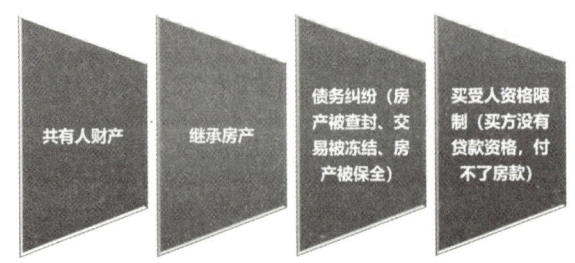

如何防范：

第二，缔约条款不当引起的风险及防范：

物品清单（无论大小物品均应详细列清单，并将物品清单经当事人签字确认作为协议附件）；

交房时间（协议中所涉及时间应尽量充裕，可以某一事件完成为期限较好）；

贷款时间（协议最后应确定最迟交易的时间）；

协议主要条款（中介方应时刻站在公正、公平的立场上）。

第三，信息缺失引起的风险及防范：

对房源的相关信息掌握不全面（房源信息了解不齐全，如房屋漏水、产权证面积与购房合同面积不符、批地时间不清、公摊物业管理相关费用不确定等）；

对业主信息掌握不全面（出资购房人与产权人不同的问题、落户问题）；

对周边配套设施了解不全面（如就读的中小学片区了解不对导致纠纷产生）；

不能偏听偏信，要深入沟通，晓以利弊，充分了解，如实告知。

第四，资金监管不当引起的风险及防范：

房地产交易不能"一手交钱一手交房"的实时钱物交换。

口头约定代收代付相关款项（代收代付约定时间更改的，经纪人应在征求双方意见后让双方签字确认或另行签订补充协议，不可单凭客户口头答应就认为没问题）。

没有及时代收代付（严格按照协议约定的时间、金额、相关人及权限代收代付，买方代为解押须注明专款专用）。

代收代付责任人不明确（中介公司应确定代收代付款项责任人，保证资金安全）。

第五，承诺不当引起风险：

贷款成数、金额（承诺贷款成数及额度后，客户签订购买协议过户后银行反馈不能贷到相应额度产生纠纷）；

相关费用折扣（没有明确告知中介费收取的时间和金额，特别是实收的房产引起的纠纷）；

销售进度、过户、审批贷款等时间性的承诺；

服务项目承诺。

防范措施：

经纪人不要对客户的任何要求都回答"没问题"；

如一定要承诺要用有幅度的承诺，如六至七成等；

少用"保证""一定可以"等话术，可用"我尽量帮您争取"；

了解政策调整，税费计算准确并附上"仅供参考"字样；

政府相关部门的审批办证时间并不由我们控制和左右，经纪人不得随便承诺"保证什么时候过户完""保证什么时间放贷"。

道德风险:

- 买卖双方协商解约,携手跑单
- 合作经纪公司拐单
- 经纪人做私单
- 此类风险如确实发生可通过法律渠道解决

附:大君导师中介服务点拨

每个人对问题的看法都会不同,这样就形成了自己的观点。如果要想意见一致,有两种方法:说服对方和强迫对方,这两种方法哪个好呢?我们看一个小故事。

北风和太阳打赌,谁要是能把行人的大衣脱掉,谁就算赢。打赌开始了,太阳躲进了云层,北风朝着行人呼啸而来,寒气刺骨。风越刮越大,然而行人的大衣却越裹越紧。最后,北风只好放弃了。到太阳了。太阳从云层里冒出来,用他的热量照耀着行人,行人越晒越热,最后不得不脱掉上衣,躲到树荫下乘凉去了。

显而易见,说服的威力要远远大于强迫的威力,说服别人,不是强词夺理,不是把自己的观点强加给别人。说服并不是天生的本事,说服别人同样具有技巧。说服别人,要如同润物细无声的春雨,将自己的观点传达给对方,潜移默化地改变别人的立场和观点。

Chapter 8

把握成交按钮，随时应对客户促成房地产销售

不知道大家有没有这个感觉：在房地产销售过程之中什么都谈好了，也沟通好了，客户就是迟迟不来下单，或者犹犹豫豫，或者开始磨价格，或者提出各种拒绝的理由，这个问题怎么解决？学好如何应对客户，你就可以得心应手促成交易。

1. 搞清楚客户产生异议的原因

什么是客户的异议呢？

异议就是在房地产买卖过程中，客户对房子的价格、装修质量、促销折扣、服务细节等，由于不明白而产生出来的不同意见或者反对的意见。

一般来说，客户在表示异议的时候，会打断房地产经纪人的话，或是就某问题而争论等等。这种异议在房地产销售的过程中是难以避免的事情，换句话说也就是必有的事情。因此，房地产经纪人必须要接受这样的异议。

要知道，异议对房地产经纪人来说，并不一定都是坏事，这些异议是我们的指路明灯，有了它，我们才能够知道问题具体出现在哪里，接下来应该怎么做，这样才能够知道下一步行动的方向。因此，我们需要正确地对待这些异议，要将这种异议巧妙消除，从而达成交易。

房地产销售过程中，常见的典型客户异议的处理技巧如下表：

异 议	释 义	处理技巧
房子太贵了	客户不知是否能把价格压下来，或其他项目能买到便宜的	我们公司做过周边楼盘的市场调查，在同等物业中，我们楼盘的价格相对较低，但规模与小区周边配套设施是最完善的
我想考虑一下	客户想脱身，客户没想到会陷得这么深	可以，你考虑一下，但我们的项目售卖情况很好，你看的这种户型是我们销售最好的，如你考虑成熟，请你尽快定，因为本期推广的户型下一期就没有了
我想比较一下	客户动心了，想买，但他想先看看市场情况	你不会接受某某位置的项目吧？你不会接受外墙涂料的项目吧？你不会接受没有园林、水景的项目吧？（先抓住客户的东西一定是你最显眼、表象的东西：位置、规模、外观、外墙、大厅等要素）
我想先同我的律师商量一下	客户动心了，但要看看合同	你有他的传真号吗？我们可以传真给他
我买不起	客户喜欢它，想买，但钱不够	在做七成二十年按揭的情况下，你也买不起
你在给我施加压力	客户有点控制不住了，客户确实认为这套房子很好	很抱歉，我没有表达清楚，因为我认为这个户型很适合你
我需要好好想想	客户在买之前，想先离开这里。他想认真考虑，看是否发现一些问题	可以，户型图你拿回去好好考虑一下，但你看中的户型是销售情况最好的，请你抓住这次机会，考虑好后尽快下决心
我回头再来	客户很喜欢销售人员，不想伤害他的感情，但客户对房子还缺乏信心	可以，你也回去好好考虑一下，本楼盘现在热卖中，考虑好后，请尽早下决心，请你不要错过这个机会
我不善于当场决策	客户不想凭一时冲动做决策，以防出错	你现在再犹豫，恐怕房子就没了（给其施加压力，帮他下决心）
我心里没底	客户就要做出决策了，不过他还需要一些鼓励	你真有眼光，一看就很专业，你是做地产的吗？（称赞对方以鼓励）
我年纪大了，我要是再年轻十岁	客户还是有点不放心	这里有很多像你这年纪的人买房，房子最适合你的身份（或加一句：你的成熟、身份、地位正与房子相配）

Chapter 8　把握成交按钮，随时应对客户促成房地产销售

续表

异　议	释　义	处理技巧
我想同我的律师或财务商量一下	客户想确认一下它在财务上是否合算，或者是借口离开这里	可以，你是应该与财务商量一下怎样付款更合算，不过，如果你想按揭，我可以先帮你算一下
我只是想随便看看	客户不希望销售人员接触，客户害怕买东西	那你先看看，我可以简单地给你介绍一下我们的项目（边介绍边有意无意地询问客户的购买意向）
我要买的东西太多了，比如一辆新车	客户不愿用辛辛苦苦挣来的钱买房子	房子是固定资产，是可以升值的，买房子是人生的第一件大事
我能买到比这更便宜的	客户动心了，但希望再便宜一点	我们的房子已经是最优惠的了，所以原则上是不允许再便宜了。再说这么好的房子，就是原价买也值呀……（我看你是真心想买，我会尽我全力和公司协调，看看是否能再给你一点儿折扣，但就算可以，这个折扣也不会太大，我只能尽量去替你申请，那你看是否能马上签约呢？）
我们刚结婚，我们太年轻	客户不想买了	你们可以按揭付款呀，只需首付20%，以后慢慢还贷款，既有新房住，又不会占用大量的资金
我刚买了一套房子，经济上有困难	客户经济不充裕	那你看要是按揭付款呢？现在贷款买房很划算，而且房子是固定资产，今后一定会升值，而且你要是现在做按揭，我们可以给你一个九八折的优惠
我想同我的父母和其他家人商量一下	客户需要征求家人意见	你不想给他们一个惊喜吗？再来可能就没有了
我是在替别人看房	客户想让销售人员摸不着头脑	你已看了我们的楼盘，你喜欢它吗
太大了，我不喜欢	客户不想买找的借口	大房子住着才舒服，买房子不光为改善住房条件，也要符合你的身份才行
我不喜欢，我确实不想买	客户不想买并直接声明	你可以不买，但是错过这么一套好房子实在太可惜了……
我希望能有折扣	客户有异议	可以给你象征性打点儿折，但不会太多，也就是几百元钱而已
我今天不买	客户不愿冒险	我们的房子卖得很好，恐怕你今天不定明天就没了

续表

异议	释义	处理技巧
我们没有这么大预算	客户不想买找的借口	买房子是置业，无论到什么时候都是一种资产，你要是觉得一次性购买钱太多，可以做按揭
我拿点资料，回去看看，到时候再说	客户不想逗留	没问题，不过在这我可以先给你做一个简单的介绍，你先请坐
我有一个朋友，也是干这行的，我想咨询一下	客户怕受骗	是吗？那太好了，我们的项目在同行中也是反映最好的
我一点也不着急	不要给我打电话，我打给你吧	好！我不会经常给你打电话，只是工程或有事时再随时通知你
我身上没带定金，回头再说	客户现在没兴趣或确实没带很多钱	没关系，你可以先留点钱，把房号定了，否则房子就被别人挑走了
我的一个朋友买了你们的房子，要退	客户找借口打击项目以利于谈判	是吗？什么原因要退
我什么也不想买	客户不想买。但如果客户在推销时就说这句话，他就是在迷惑你，他想在交易中占上风，他不愿被你说服	不买没关系，既然来了，听听我们项目的情况，也好给你的朋友推荐一下，让他们买套房子
我回头再来，先给我留着	客户需要考虑，或是随口说说	对不起，我们有规定，如果你没有交定金的话，房子是不能留的
你的工期不行，我想要的你没有	客户没信心	所有的文件加上合同，不是空口无凭的，有法律，有公证（开发商的实力……）
我关心的是我怎能知道你说的是不是真的	客户认为这是很大的一个坎儿，怎么信任销售人员	通过聊天让客户相信
我不喜欢它	客户顽固，想下次再碰运气	你对它哪里不满意能说说吗？以便我们进一步改进完善
我今天是不会签字的	客户害怕花钱	你要是今天不定只怕会失去机会，而且能买到这么值的房子证明你很有眼光

续表

异议	释义	处理技巧
我不愿做按揭，但钱又不够	客户害怕贷款	你可以先从朋友那里借点儿，如果不多的话，你做按揭只需要先付总款的20%，先住房子再慢慢还钱，没有压力，而且还可以把余出的钱做其他投资

客户产生异议的问题不止这些，只要我们的房地产经纪人能够巧妙处理，就算是看似处于绝境的局面，也能够得到化解，从而转败为胜，赢得客户。

对我们的销售业务工作而言，可怕的不是异议而是没有异议，不提任何意见的客户通常是最令人头疼的客户。

客户的异议既是成交障碍，也是成交信号。有异议表明客户对产品感兴趣，有购买的意愿，有异议意味着有成交的希望。

有一句经商俗语："嫌货才是买货人""褒贬是买主，喝彩是闲人"，说的就是这个道理。

2. 预防客户半途拒绝

销售，就是卖东西的人；销售，就是发现客户的需求，提出解决方法，帮助客户进一步处理问题的人。

预防客户半途拒绝，需要做到与客户的和睦与信任。

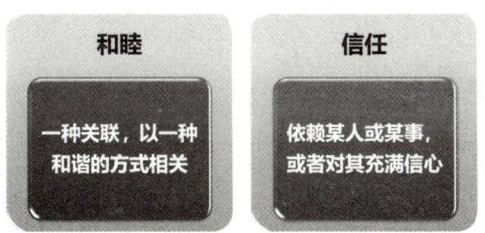

买家寻找经纪人主要考虑如下两个要素：诚实可靠和口碑（或名声）。一个专业的房地产经纪人就是一个顾问。顾问首先要学会的是提问的能力：焦点集中在客户上，发现客户的需求，确认客户的意向及紧急程度，你的回答就是一个问题的解决方法,由你来主导沟通。

问题可以被划分为两类:封闭式问题,以"是"或"否"来回答;开放式问题,可以用很多词语来回答。

开放式的问题,以如下单词提问:

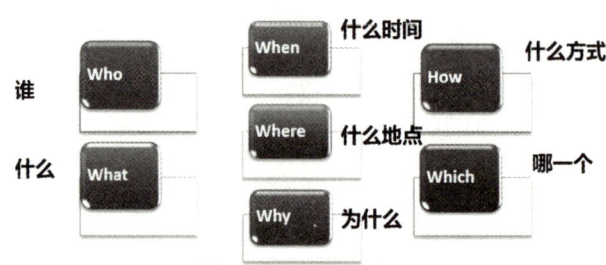

你是引导者或领导者的角色;焦点为客户;确定解决方法;把客户最感兴趣的放在第一位;指示一个解决问题的方向;一步一步地解决;积极地解决;有足够的耐心,且尊重客户的选择。

为什么潜在或已有的客户比较牵强地配合?

害怕;不确定因素;不完全了解整个情况;重大的决定会产生很大的影响;缺乏信任;过程发生得太快了……

你如何引导你的客户?

(1)沟通的技能

通过沟通说服对方,销售就是一种通过沟通说服人的行为。倾听,用你的耳朵倾听,是说服他人最好的方法之一;交流,就是你说些什么,以及怎么说。

用辞(选择你的措辞):不要使用不雅用语,避免谈及政治或宗教,能与不同年龄和身份的客户恰当沟通,适当地称呼潜在客户,保持高度的专业性。

选择能推动你的客户更进一步的词语,你能感觉到有什么不同?

Chapter 8 把握成交按钮，随时应对客户促成房地产销售

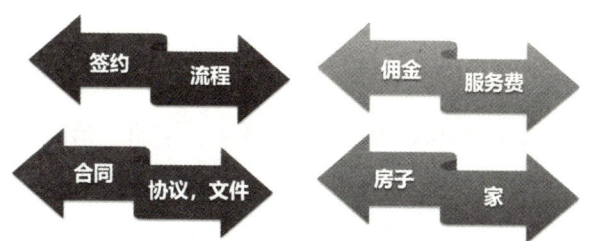

沟通的技能帮助你的客户更进一步。

第一，多重选择。

一个问题可能获得两个以上不同的答复。这使得一个问题，从一个"是"或"否"的回答，变成"是"或"是"的响应。这有助于帮助你提高成功设定拜访时间的概率。

示例1：

"我可以去看看您的房吗？"

（Yes or No）"可以或者不可以。"

示例2：

"我今天2点能去看房，还是4点更方便？"

（Yes or Yes）"可以来，或者可以来。"

第二，约束性语言沟通。

指一种陈述，引导你的潜在客户同意你的说法。

难道（它）不是吗？	难道（它）不能吗？	难道（他们）不是吗？
难道（他）不是吗？	难道（它）不应该吗？	正如你所说的……
难道（她）不是吗？	难道（它）不会吗？	（你）难道不同意吗？
……	……	……

你怎样用约束性语言与对方沟通？

情境1："你住的楼下就有会所真挺方便的，是吧？"

情境2："我们把您的房屋尽可能地展示给更多买家，这样就可以帮助您尽可能早地把房子卖出去了，您说是吧？"

情境3："一个公平合理的市场价格可以帮助你更清楚房屋的定价是否合理。如果已经把房子卖出去了，却发现卖低了，那就很不好了，是这样吧？"

情境4："你看卖家对于达成协议已经愿意并做出了很大的让步了，是吧？"

第三，满足客户期待需求。

让潜在的或已有的客户了解可期待的进展，不确定性会引起焦虑或恐惧，帮助客户识别或参与到下一步的沟通中。

"Yes"的力量。

在讨论中使客户易于接受小的细节。一个潜在客户如果对于很多小的事情上都说了"Yes"，那么对于重大决定，他也会愿意说"Yes"。

您同意吗？

这样理解对吗？

您觉得这是您想要的家吗？

这是您想要的关于房产的信息吗？

您对我的服务还满意吗？

（2）封闭式沟通

封闭式沟通，就是确保一步步征得客户的同意。

第一，潜在客户的封闭式沟通。

对于潜在客户的封闭式沟通，从你的目标开始——约见，有目的地展开谈话。

Chapter 8 把握成交按钮，随时应对客户促成房地产销售

目标：约见
确定需求
提供服务
提出约见

第二，展示中的封闭式沟通。

在展示中封闭式沟通，从你的目标开始：签署协议，有目的地展开谈话。

目标：签署协议
说明你的作用
卖房的好处
要一个买卖的承诺

第三，尝试封闭式沟通。

让你的潜在客户对整体协议中的独立组成部分做出决定或承诺。从卖方的反应上可以推断他们对于出售此房屋，或者对于接受买方的要约是否已经做好准备。

第四，交易最后的封闭式问题。

一个做出承诺的特别要约：合乎逻辑的下一步；从开始即满足客户的期待需求；以合同作为封闭式沟通的工具。

第五，假设的封闭式问题。

你能做什么
- 回答后面所有的问题
- 把合同放在桌子上，签字空白处对着客户
- 把笔递给客户
- ……

你能说什么
- "如果你今天同意此协议，我们今天就开始推广这个房子。"
- "有你的授权我们马上就开始做。"
- "如果你对这些文书没有问题，我们即刻就可以为你工作了。"
- "我们开始吧。"

沉默的重要性：在提出一个封闭式问题或者做出一个封闭式陈述后保持安静。允许你的潜在客户做出反应。

（3）对于提出异议的回应

提出异议，不是反对；异议，只是简单地希望获得更多的信息。

为什么人们会说"No"？

理解的不完全，错误的信息，担心，不确定，一切发生得太快了，不感兴趣。

你的选择：何时对异议做出回应？

立即回应；表示已经知晓，稍后做出回应；不做出回应；在产生这个异议之前即回应。

克服异议的模板：

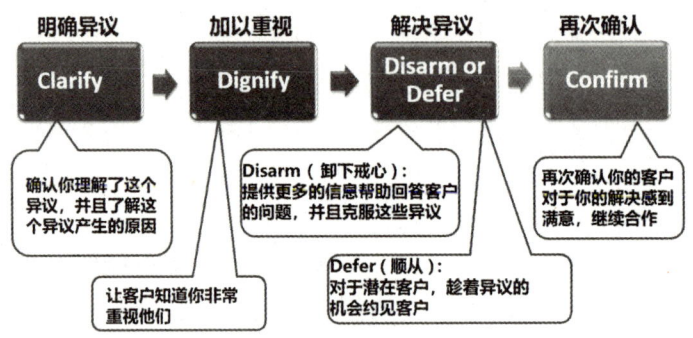

第一，Clarify——明确异议。

明确这个异议是什么，为什么产生这个问题？

"对，我非常理解……"

"你愿意跟我分享一下为什么会那样想吗？"

"能再告诉我一些吗？"

"你能再跟我详细说明一下具体情况吗？"

第二，Dignify——加以重视。

感同身受地了解他们所关心的问题：

"我理解。"

"我能理解你的感受。"

"产生这个疑问是有道理的。"

"我尊重你考虑的角度。"

"很多买家有过同样的顾虑。"

第三，Disarm or Defer——"卸下戒心"或"顺从"。

Disarm——解决异议，"卸下戒心"。

"卸下戒心"：回答问题，克服异议。

填补理解中的空缺；提供更新更多的信息；对于这个主题，分享一个不同的观点；生动地突出要点。

Defer——解决问题，"顺从"。

"顺从"：趁着异议的机会约见客户。

对于潜在客户尤为见效，面对面沟通是解决问题的第一步。

第四，Confirm——再次确认。

对于异议的解决达到一致，继续合作：

"这回可以吗？"

"那我们继续合作，可以吗？"

"这些信息可以回答你的问题吗？"

房源展示时间问题——明确异议以及加以重视：

卖家异议：房源代理时间问题	经纪人回应
"房源你们要代理3个月时间太长了。"	**Clarify** 明确异议 "这样噢，依我理解，您是在考虑房源代理3个月时间过长的问题，对吧？"
"你做出了一些承诺，我怎么知道你会全部履行呢？我不想被合同约束，如果3个月没有将房子卖出去呢？"	**Dignify** 加以重视 "我能理解你的感受，（卖方先生）你产生这个疑问是有道理的。"

房源展示时间问题——卸下戒心和再次确认：

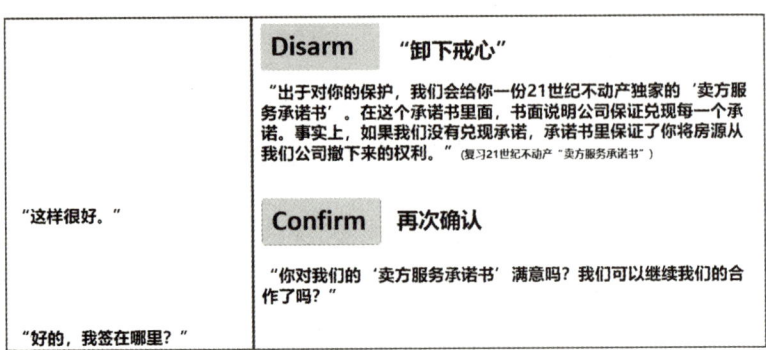

托词，指潜在客户找一些无关紧要的原因，作为不继续推进合同的借口。

看起来没什么意义的借口。托词，是一个假象。我们可以直接询问客户问题所在，并加以解决。

3. 提炼让客户无法拒绝的卖点

卖点是什么？最简单的一句话就是：卖点其实就是房地产经纪人给客户一个必须买你的房子的理由。那么精华是什么？精华就是客户无法拒绝的卖点。这就需要我们的房地产经纪人善于提炼卖点的精华了。

一般来说，精华只会掌握在少数房地产销售员的手里，这类房地产经纪人多半善于提炼、总结；他们还有一个特定的称谓——房地产销售冠军。听完这些，你是不是也向往能够成为下一个房地产销售冠军呢？

某房产公司的销售人员，在推销房产时，因训练有素，能够在较短时间内

Chapter 8 把握成交按钮,随时应对客户促成房地产销售

向客户突出房子的卖点,所以常常能够轻松地说服客户,赢得订单。

一位中年妇女和她的儿子来看房子时,这位女销售员向他们滔滔不绝地介绍了该处房产的卖点。该处房产位于北京朝阳北路附近。房地产经纪人根据房子的实际情况,向他们作了如下介绍:

第一,交通便利,小区离东五环只有两公里远,离朝阳北路只有300米远,对于出行来说,非常便利。

第二,房子的容积率极低,叠拼楼低于0.6,全是通透板楼,住起来感觉视线开阔。

第三,社区设计高档。小区的设计单位是由全球排名前三位的美国两家著名设计公司设计。他们特意在社区里设计了两条纵横南北的"景观峡谷",令小区的景观高低错落有致,给人以美的感受。

第四,房子布局合理,采光充足。所有房子都是弧形设计,一间房子朝南面比朝北面宽1~2米。

第五,地板采暖。目前国内最先进的采暖方式。

第六,层高3米。房子的空间开阔。

第七,社区将有超大规模的商业配套。

第八,增值潜力大。据规划,小区附近将有两条市政路通过。而且,朝阳北路是地铁6号线经过的地方。

……

在介绍完卖点后,房地产经纪人很快将他们带到了样板间参观。结果,这对母子一下就被房子的卖点深深地吸引住了,于是很快交了订金,签下了预定合同。

在房地产销售过程中,利用卖点"迷倒"客户,向客户推销房子,是销售人员获得订单的常用办法,也是最有效的办法之一。对于房地产经纪人来说,只要善于寻找卖点,并用卖点去"迷倒"客户,往往容易促使客户做出购买决定。

在销售世界里,最佳卖点并不是靠着经验来取得的,更不是依靠单纯的模仿、借鉴就能够得到的;而是需要用心去观察,留心、发掘、提炼、总结出来的,真正的销售大师永远记得"独一无二"的价值。

4. 及时嗅出成交的味道

一般来说，一单生意在成交之前，都会出现各种各样不同的信号。这些信号是客户在房地产销售的过程中有意无意表现出来的，表现形式多种多样，十分复杂。如果房地产经纪人不加注意，就会与成功成交失之交臂。

在实际的销售工作中，客户不会首先提出成交，更不愿意主动明确地提出成交。客户对自己都有一种保护心理，即使心里很想成交也不愿先开口，似乎先提出成交就一定会吃亏。因此他们想把自己的这种心理隐藏起来，以使自己获得更有利的价格优势。

客户的这种心理很正常，却是成交的障碍。这就需要我们的房地产经纪人能够用自己的慧眼来识别客户的言行，发掘出客户的成交意思，及时捕捉各种成交意向信号，嗅出成交的味道，并促成交易。

一次失败的房地产销售对话：

一位客户走进一家售楼处，销售人员走过来向客户进行介绍。

"你好，先生，请问你需要购买房子，是吗？"销售人员问道。

"是的。"客户回答。

"我们现在有几种户型，你来看看吧，前面是我们的样板房。"他一边说一边带客户去看样板房。在一套三室两厅的样板房里，销售人员介绍道："现在这个户型是设计最好的，南北对流，全明设计，厅出阳台……"

"是精装修吗？"客户又问。

"是的，而且还可以送部分家电呢……"销售人员向客户介绍道。

"听起来不错，那均价是多少？"客户问道。

"均价一万八千元。这个价格很合理。"销售人员回答道。

"那你们房子的物业服务怎么样？"客户又问。

"我们的物业是明星物业，全天24小时有保安值班，保证业主的安全。你可以放心购买。"销售人员回答。

客户开始沉默。

房地产经纪人接着说道："我们房子在价格上和装修质量上都是很有优势的。"

Chapter 8 把握成交按钮，随时应对客户促成房地产销售

客户回答说："你们的价格还是有点高。"

销售人员诧异地说道："可是……"

客户犹豫了一会儿，最后走出了售楼处。

这次不成功的房地产销售，问题出在了哪儿呢？

其实，在这个销售对话的过程中，我们可以看出客户多次表达了成交的信号，给出了购买的信号，然而房地产经纪人却没有及时把握，所以就错过了成交的好时机。

第一次发出的信号是"是精装修吗？"，表明客户就要买这套房子。

第二次发出的信号是"听起来不错，那均价是多少？"，表明客户开始对价格进行讨论了。

第三次信号是"那你们房子的物业服务怎么样？"，进一步说明客户有明显的购买信号。

第四次发出的信号是"客户沉默"，表明他在考虑购买的利与弊。

最后一次发出的信号是"你们的价格还是有点高。"，表明客户希望房地产经纪人在价格上能做一个让步，如果价格合理很可能就会购买了。

然而，房地产经纪人并没有发现这种购买信号，也没有做认真的介绍。其实，只要房地产经纪人能在发现这些购买信号的时候，多为客户着想，从客户的利益出发，做成这单生意那是轻而易举的。

在客户多次发出的购买信号中，房地产经纪人都没有及时抓住机会，完全抱着一种"愿者上钩"的销售方式，最终只能让到手的单子又失掉了。

那么，在实际的销售过程中，房地产经纪人如何能够识别出成交的信号，嗅出成交的味道呢？

（1）成交的语言信号

无论是在与客户进行正式的销售谈判过程中，还是在房地产经纪人开展的其他销售过程当中，当客户有意购买时，他们通常都会因为内心的某些疑虑而不能迅速做出成交决定，这就要求房地产经纪人必须要在销售过程当中密切注意客户的反应，以便从中准确识别客户发出的成交信号，做到这些可以有效地减少成交失败的可能。

这些客户会在询问的过程中提出很多意见,或者对房子进行百般挑剔,或者对房子进行贬低,或者以为嫌弃价格过高,或者对其他开发商开发的产品进行褒奖,等等。其实,这都是客户的购买信号,因为他在尽可能地为自己争取利益,是在为自己争取好的谈判地位,以便于自己在购买中得到更多的"便宜"。

(2) 成交的表情信号

通过仔细观察客户,你会发现,客户在成交之前的一些表情也会成为成交的信号。当客户的目光在房子上逗留的时间增长、眼睛发光、神采奕奕的时候,说明客户对房子有购买的欲望。销售人员要抓住客户的这种购买欲望,及时促成交易。

还有的客户由刚开始的咬牙沉思,渐渐露出了明朗、放松、活泼、友好的表情时,说明客户对房子抱有极大的兴趣,只要房地产经纪人在这个时候能够适时推一把,就能够促成销售。

(3) 成交的动作信号

如果发现客户对房子的动作频率提高了,出现了"东摸摸,西看看"的动态动作时,说明客户开始在研究房子了,有了购买意向。

如果发现客户的动作由紧张变得放松了,说明客户已经定下来要购买这套房子了,只是在某一方面,特别是价格方面还在与房地产经纪人进行较劲。

如果发现客户盯着自己的双脚看,说明他其实有真实的购买意愿,但是倘若房地产经纪人不能达成他的条件,他就要走人了。这说明客户还在测房地产经纪人的价格底线,这时候就要看房地产经纪人能否拿出一个合理的方式使得大家双赢了。

任何一次成功销售的过程都是客户和房地产经纪人不断向对方妥协、让步,以达到一个双方最满意的点,实现双赢的过程。因此,只有及时嗅出成交的味道,才能使得交易轻松达成。

著名销售专家诺曼·文森特·皮尔说:"客户通常都会在不同的沟通阶段发出不同的信号。你必须留心这些信号,切勿错失良机,错过了邀请客户做出承诺的关键时刻。"

房地产经纪人只有准确把握成交的信号,细心观察客户的言行,从中分辨客户传递给我们的信息,并及时做出积极反应,才能使我们准确把握成交的脉搏,使我们的房地产销售事半功倍。

5. 抓住促成交易成功的时机

大家都知道,当你在拉着一车东西往前走的时候,一旦有人在后面推一把,就会顿时觉得轻松许多。就算是一道过不去的坎儿,也能轻易通过。

房地产销售工作也是一样的,看似犹犹豫豫,很难拿下的客户,一旦经你改变刺激的方式,"搭把手"轻轻"一推",就能够顺利拿下来了。这就要看房地产经纪人能否找准关键时刻,能否适时地"刺激客户一把"。

黄先生准备结婚,在结婚之前他要先买一套房子。于是,他看了好几家楼盘,最后定在了一家离自己上班比较近的一套楼盘上。

售楼部的销售人员热情地接待了黄先生,销售人员问道:"先生需要一套多大的房子呢?"

黄先生回答:"100平方米的就差不多了。"

销售人员笑着说:"太好了,我们这里的房子正好还有几户面积这么大的房子。"

"那都有些什么样式的呢?"黄先生问。

"样式有这几种,我们这里有房子的内部模型,你可以根据你的喜好挑选一个合适的。你看看吧。"销售人员一边说着,一边把房子的样式格局的样本给黄先生看。并且说:"先生,打算是要买房结婚用吧?"

黄先生高兴地连忙点头说:"是呀,我打算在11月结婚了。我和女朋友谈了七年的恋爱了,现在觉得条件成熟了,是得给我们安置一个家了。"

"恭喜恭喜!真心祝福你们和和美美哦!"销售人员还不忘恭维赞美几句。

"谢谢你的祝福。"黄先生被恭维得十分开心。

"这个户型正好适合你们用。"销售人员指着一种户型对黄先生说,那是140平方米的房子。

"这个太大了吧?"黄先生说道。

"其实这种房子特别适合你们,你想想,结婚之后,肯定就会有宝宝了啊。

这种户型正好带有婴儿房,等孩子长大以后还可以用来作为孩子学习的地方。现在啊,哪个家长不想让自己的孩子发展得更好呢?从长远考虑,还是这套房子比较合适,毕竟是一辈子要居住的地方。"销售人员紧紧抓住长远利益来考虑。

黄先生若有所思地说道:"但是我的资金没有这么多啊,怕是周转不过来……"

销售人员觉得这是一个大好的时机了,于是说道:

"黄先生,你现在听我分析一下,然后你再来衡量你购买这套房子是不是值得。

"第一,你不是准备好11月份结婚的吗?这个楼盘7月完工,你有足够的时间按你喜欢的样式装修,想想有新人、新房子、新气象,这最好不过了。

"第二,现在正是我们的促销优惠期,如果你现在不买,以后就很难找到这样的机会了。

"第三,这离你工作的地方也很近,你就不用每天起早贪黑的了,省了不少时间。另外你也知道,现在的房价涨得多快,要不你也不用急着找房子了。就从这些情况来看,我觉得你现在买这套房子是最明智的选择了。"

黄先生回答道:"说的也是,那就这套吧!"就这样,黄先生开心地接受了销售人员的建议。

客户真正决定购买的时刻,70%的购买决定是在当时的环境下做出的。所以,当时环境的营销策略或者说房地产经纪人的说服能力,对影响客户的购买决定非常重要。对房地产经纪人来说,细心地留意消费者,在关键时刻刺激客户一把,从而实现成交。

那么,具体到实际的销售过程中,面对客户的犹豫不决,我们的房地产经纪人又该怎样随机应变,来实现轻松交易呢?

(1) 直接要求成交法

房地产经纪人得到客户的购买信号后,开门见山,直接提出交易。比如,"既然没有其他意见,那我们现在就签单吧。"使用这种方法时要尽可能地避免操之过急,关键是要得到客户明确的购买信号。

（2）总结利益成交法

即把客户与自己达成交易所带来的所有的实际利益都展示在客户面前，把客户关心的事项排序，然后把房子的特点与客户的关心点密切地结合起来，总结客户所有最关心的利益，促使客户最终达成协议。

（3）优惠成交法

又称让步成交法，是指房地产经纪人通过提供优惠的条件促使客户立即购买的一种方法。让客户感觉确实有利可图，很实惠，所以决定购买。

（4）二选一成交法

房地产经纪人为客户提供两种解决问题的方案，无论客户选择哪一种，都是我们想要达成的一种结果。运用这种方法，应使客户避开"要还是不要"的问题，而是让客户回答"要 A 还是要 B"的问题。比如，"你是要两房的还是三房的？""你是按揭付款还是一次性呢？"

（5）激将成交法

激将法是利用客户的好胜心、自尊心而敦促他们购房。比如，有对颇有名望的夫妇去某高档小区选房，他们对一套独栋别墅很感兴趣，只因为价格昂贵而犹豫不决。这时，在一旁察言观色的房地产经纪人走了过来，他向两位客户介绍说，一些有社会地位的人也曾看过这套户型，而且非常喜欢，但由于价格太高没有买走。经房地产经纪人当众一激，这对夫妇立即买下了这套别墅，因为他们要显示自己更有实力。

需要注意的是，房地产经纪人在激将对方时，要显得平静、自然，以免对方看出你在"激"他。特别是脸上要稳起，也就是不要喜形于色。

（6）对比成交法

当客户对两种或是几种户型的房子犹豫不决时，房地产经纪人应该把每种户型的优点、缺点做详细介绍，并进行比较，分析利弊，促使客户下决心购买。

（7）从众心理成交法

一般来说，客户在购房时，都不愿意冒险尝试。于是通过下筹的方式，在

同一个时间一起来抢房,这其实就是从众心理的一个应用。

对于大家认可的房子,他们容易信任和喜欢,就很容易做出购买的决定了。

(8) 欲擒故纵法

有些客户天生优柔寡断,虽然对房子有兴趣,但又拖拖拉拉,迟迟不做决定。如果,房地产经纪人可以假装去忙其他的事情,而不再关心他是否有意愿购买。这种热情过后突然的冷漠,更容易促使客户下定决心购买。

(9) 特殊待遇法

有很多客户感觉自己是最特别最重要的,房地产经纪人要投其所好,给他以尊贵特殊的待遇,享受一些客户认为别人所不能享有的待遇,让客户认为他在你这里获得了极大的尊重和满足。

(10) 讲故事成交法

大家都爱听故事,如果客户想买房,又担心某方面有问题,你就可以对他说:"先生,我了解你的感受。换成是我,我也会担心这一点。去年有一位王先生,情况和你一样,他也有所担心。不过他决定下单,半年升值了30%。现在房子仍然处在价格上涨阶段,不用担心房子会降价。"强调前一位客户的满意程度,就好像让客户亲身感受。交易也就顺利达成了。

如果把销售的过程比作是一场球赛,那么房地产经纪人对客户的购买建议就仅仅是"射门"的动作而已。但是,要知道如果做了"射门"的动作却没有达到"进球"的目的,那么之前所有的努力也只是徒劳。

因此,房地产经纪人更需要掌握一些重要的射门技巧,以提高"射门命中率"。这些射门的技巧在销售工作中就相当于是在关键时刻推客户一把,以保证促成交易。

6. 促进快速成交的要点

在面对面的销售模式中,拉动式或者引导式销售是非常重要的一部分。房地产经纪人需要创造客户的欲望和需求。房地产经纪人在一对一营销的时候,不仅要有销售，还要有帮助，房地产经纪人不仅是营销员，还是顾问与建议者。他们诚恳地希望能帮助客户，从而在销售成功以前与客户建立良好的关系。

当客户有意购买，但是又显得有些犹豫时，房子的价格和质量已经不是最重要的问题了。这时候最关键的是房地产经纪人的服务态度和销售技巧。

所以，促进快速成交的要点也有两个：服务态度和销售技巧。

第一，房地产经纪人自身的服务态度。守信用是最重要的。然后，要懂得客户心理，不紧跟客户过分推销，这样会令客户反感而离开。要善于应变，能沉着冷静地应付，并能在处理突发事件时保持良好的服务态度。

房地产经纪人要经常面带微笑，不会把个人不愉快的事情带到工作中，影响工作情绪。掌握全面的知识，能解答所有有关房子的问题。保持礼貌、热情、真诚和主动。对公司的发展历史、发展目标有清楚的认识，等等。

第二，接近客户的小技巧。房地产经纪人要做到巧妙地接近客户，这样不仅可以拉近与客户的心理距离，还可以尽快地促成交易。房地产经纪人应该在最佳时机接近客户。

比如，在一些二手房中介门店，有些买房、租房的客户，会到店里留意各种房源，这时候我们应该让客户自由地选择适合自己的房子，但不是对客户不理不睬，不管不问，而是与客户保持恰当的距离，用目光跟随客户，观察客户。

一旦发现时机，就要去接近客户。原则把握住了，时机找准了，那么，下一步就是该以何种方式来接近客户促成交易。任何事情都讲究技巧，那么该以何种方式接近客户呢？

以下是一些小技巧：

（1）提问接近法

例如：

你好，有什么可以帮你的吗？

这套房子很适合你！要不要我带你去看看？

请问你需要找什么户型的房子？

请问你喜欢哪个朝向的？我帮你拿来看看。

(2) 介绍接近法

看到客户对某件商品有兴趣时上前介绍产品。

产品介绍:FAB 法则。

Feature(特性):产品品质,如果销售商品房,即指商品房设计的特点;即一种产品能看得到、摸得着的东西,这也是一个产品最容易让客户相信的一点。

Advantage(作用):从特性引发的用途,即房子的独特之处;这种属性将会给客户带来房子的作用或优势。

Benefit(好处):是指作用或者优势会给客户带来的利益,对客户的好处(因客而异)。

举例如下表所示:

FAB 法则例表

代理项目	F(属性)	A(作用)	B(益处)
新 房	精装修	省去业主自己装修	免去装修烦恼
二手房	学位房	满足孩子入学	优质教育资源

互动环节:介绍自己所销售的房子(用 FAB 法则)。

需要注意的是,使用这种方法时,不要征求客户的意见。如果对方回答"不需要"或"不用麻烦你了"就会造成比较尴尬的局面。

(3) 赞美接近法

即以"赞美"的方式对客户的外表、气质等进行赞美,接近客户。

比如:

你的包很特别,在哪里买的?

你的眼光真好,这是我们最畅销的户型,每一期开盘都很抢手。

你今天真精神,气色真不错。

这个小朋友长得好可爱!(当然,针对带小孩的客户)

俗话说:"良言一句三春暖。"好话大家都爱听。一般来说如果赞美得当,客户都会表示友好的态度,并乐意与你交流,这样也可以提高快速成交的可能性。

（4）示范接近法

利用小区楼盘整体效果展示，并结合一定的语言介绍，来帮助客户了解楼盘，认识房屋户型等。最好的示范就是让客户参观样板房。有数据表明，几乎所有的成交都发生在对样板房满意之后。

但是，无论采取何种方式接近客户和介绍产品，房地产经纪人必须注意以下几点：

第一，客户的表情和反应，要察言观色。

第二，提问要谨慎，切忌涉及个人隐私。

第三，与客户交流的距离，不宜过近也不宜过远。正确的距离是肩内侧一米左右，也是我们平常所说的社交距离。

（5）用客户喜欢的方式进行沟通

在销售过程中，如何做到水到渠成，顺利成交呢？

要想把自己的东西卖出去，就表示让客户掏腰包。从自己的兜里掏出真金白银，恐怕是很多人不情愿的事情，毕竟这个社会挣钱不容易，花钱却很快。这时，如果客户对购房犹豫，可能再三考虑就放弃了。但是如果客户心情非常愉悦，发自肺腑地喜欢，那么你们的成交就容易得多。

人都会受到感性因素的影响，有时候购房就是购买一种感觉。

之所以选择购买，是因为你能够让客户进入一种愉悦的状态。如果客户一看到我们的样板房就很兴奋很愉悦，那么成交的概率就很高。每次在和客户交谈时，都要有意创造一种愉快的交谈氛围，或讲一些小笑话。一旦客户进入一种愉快的氛围，再向客户谈房子时，这样客户很容易把愉快的感觉和房子连接起来，即客户看到房子就兴奋，自然愿意成交。

只有自己对一个东西着迷，别人才有可能对它产生兴奋。人都有分享的心态，喜欢把喜悦分享给别人。如果我们连自己所销售的房子都不在乎，怎么希望客户给予重视呢？

在与客户会谈时，一定要用客户喜欢的方式进行沟通。多留心客户描述事物的方式，你就会发现支配他们的主要器官。如果客户喜欢使用颜色、清晰、明亮、黑暗等词汇，就表明客户是侧重于视觉的人；如果客户喜欢描述音乐、风声、汽车嘟嘟叫声等，表明客户是侧重于听觉灵敏的人。你能更好地了解这些五官，好好调动这些感觉，就能很好地与对方交流。

向客户介绍房子时，要不停地、自然地问客户："对不对？""您觉得呢？""您相信吗？"如果客户认可了房子的这些优点，自然很情愿地给予赞同。我们得到的赞同越多，客户与我们取得的一致性就越多，而且客户购房的意愿就越大。

很多词汇具有魔力，在销售时，使用这些词语，会增加感染力，调动客户的情绪，促使成交。不说"买"，要说"拥有"；不说"卖"，要说"参与""帮助"；不说"生意"，要说"机会"；不说"消费"，要说"投资"；不说"很便宜"，要说"很经济"；不说对方是"客户"，要说"服务对象"；不说"你的反对意见是什么"，而说"你的疑惑是什么"……

销售的风格比技巧更重要，而经过千锤百炼的销售魔法词汇，正是营造这种风格的关键。同时也能突显成交的威力。

占有欲是人的本性。如果你能激起客户的占有欲，你就成功了一半。房地产经纪人要善于利用构图的技巧，为客户构造出一幅幸福、美满的画面，画面越吸引人，越能打动客户，越能激起客户对画面的向往，从而顺利成交。

附：大君导师中介服务点拨

世上最难的事是什么？让别人接受你的思想。房地产销售工作恰恰就是一个让客户接受你的思想的过程。如何让客户认同你比他手里的金钱更有价值，从而让他把很宝贵的金钱交给你？

答案是引导客户，让客户接受你的思想。

作为一名房地产经纪人，在整个销售业务活动中，一定要引导客户，使客户始终跟着自己的思路走，而切勿被客户牵着走，只有当你引导着客户，才能在销售中获得成功。

不到最后阶段，不知道会不会成交。但是在我们的潜意识里，是希望成交的。只是在销售的过程中，双方讨价还价后，成交的价格可能很难以预料。最后能不能成交也难以预料。

Chapter 9

售后也是营销,房地产销售如何做好售后服务

房地产销售作为房产交易的载体,在得到高利润回报的同时,应该担负起同样的责任与义务。售后保障一直是房产交易的弊端。售前、售中、售后一体化的服务,最受客户的欢迎,客户随叫随到,随时为客户解决遇到的房产难题。尤其是在房客多的情况下,一体化的服务深受客户的喜爱。

1. 售后服务,房地产营销系统中不可缺少的

售后服务是房地产经纪人为已经买房租房的客户提供的服务。传统的看法把成交作为销售活动的终结,然而成交之后,房地产经纪人还必须继续提供一定的服务,这就是售后服务。

售后服务可以有效地沟通与客户的感情,获得客户的宝贵意见,以客户亲身感受的事实来扩大影响,它最能体现房地产经纪人对客户利益的关切之心,从而树立自己富有"人情味"的良好形象。

(1)为何需要收获服务

第一,客户期待售后服务。目前,房地产质量的投诉,已经成为客户投诉的焦点。火爆的房地产,客户买到的大部分都是期房,从签合同到收楼,少则

半年,多则两三年。在房屋交付之前,客户需要持续关注开发商的项目进展,这需要房地产公司进一步指导和说明,希望对房子的各方面有知情权;房屋交付之后,如果房子有质量问题,可以找到咨询和帮助的地方。

无论是交付前,还是交付后,站在客户的角度,开发商都应该有一个专职的售后服务部门来与客户沟通交流,解决客户困难。

第二,房地产的商品特性决定需要售后服务。

房地产开发周期长,客户买到的大多数是期房,从出售到收房,期间有很多不确定因素,比如:规划修改、工期变动、结构变化、装饰材料的选择等,作为开发商,要树立自身形象,维护良好的客户关系,就需要做好老客户的维护。

这就需要售后服务部门及时与客户沟通,甚至举办业主听证会,对一些小区出现的问题广泛听取客户意见。这样才能降低房屋交付之后的纠纷,也能赢得客户的尊重和理解。

第三,营销中心难以兼顾售后服务。

近年来,有些开发商为了提升企业竞争力,相继成立了集销售和服务为一体的营销服务中心。但是,营销服务中心更多以销售功能为主,服务的却很少,客户投诉依然不断。究其原因,就是因为没有真正地将服务落实到工作当中,等于把原来售楼处换成营销服务中心的骗子,但实质还是售楼处。

服务部门是企业提升品牌形象的窗口,而销售部门是为了业绩,功能不同,二者合二为一必有所误。

(2) 售后服务的意义

售后服务作为一种服务方式,内容极为广泛。如果说售中服务是为了让客户买房买得称心,那么售后服务就是为了让客户住得放心。

国内某知名的开发商,曾经因为客户门前排长队,售楼处水泄不通,被媒体大肆报道。

为何客户钟情于这家开发商开发的楼盘?

原来,这家开发商除了优质的装修、新颖的户型、公道的价格、便利的地理位置之外,还有一项特别的售后服务,叫"无理由退房"。

Chapter 9 售后也是营销,房地产销售如何做好售后服务

这家开发商无理由退房的条件是,凡购买这家开发商开发的所有楼盘住宅的客户,若已履行《楼宇认购书》《商品房买卖合同》的各项义务,并且无任何违约行为,则自签署《商品房买卖合同》及《无理由退房协议书》之日起至办理入住手续前的任何时间内,均可无理由退房。

这个举措,可以说在同行中绝无仅有,解决了客户的后顾之忧。客户不会担心商品房降价给自己带来的经济损失。难怪客户排队抢房。

售后服务大体上有两个方面:

一是帮助客户解决像房屋按揭、房产评估、房产税缴纳之类常常使客户感到困惑和不懂的问题,开发商代为办理,为客户提供了方便。

二是通过保修,提供知识性指导等服务,使客户树立安全感和信任感。这样就可以巩固已经争取到的客户,促使他们连续购买,同时还可以通过这些客户进行间接的宣传,影响、争取到更多的新客户。

售后服务的意义,体现在以下几个方面:

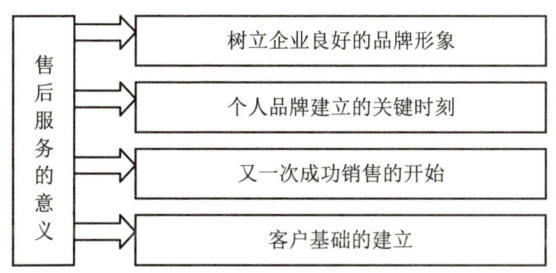

客户是上帝,在这个商业的社会里,得罪你的客户,就是得罪你的上帝,跟钱过不去,还去做什么生意呢?房地产经纪人要时时刻刻地控制自己的情绪,不要因为自己心情不好,就拿客户出气,也不要故意为难或者刁难客户,即使不喜欢对方,也不能怠慢了人家。因为你始终觉得,你得罪了这一个客户,可能等于潜在地得罪了成千上万个客户。

不管自己心里有何种想法,都不要把自己的情绪表露出来。客户关心的只是生意,对于你来说,客户是你的衣食父母。

一个朋友就是一张"网"。

中国人有一句老话,"好事不出门,坏事传千里。"当一个客户对你的服务

满意时，他会告诉身边的 5 个人；当一个客户对你的服务不满意时，他会告诉身边的 20 个人。有专家研究发现，发掘一个新客户花费的时间，是在一个老客户身上挖掘第二次生意所花费时间的 5 倍。

在房屋成交之后，要让你的客户感到满意。

每一次售后服务的质量都会影响到你与客户进一步的关系。得到一个客户不容易，失去一个客户就太可惜了。

2. 真正直面客户，做好售后服务

企业经营的不二法门就是想方设法让客户满意。为什么呢？因为客户是付钱的人，客户满意是生意兴隆的关键。

怎样才能让客户满意呢？到底客户要的是什么？结果很多人告诉我，客户要的是价格低。没错，每个人买东西的时候，都喜欢价格低，买房子也是一样。

但是如果我们为了要让客户满意而把中介服务费降低，结果却让我们做生意失去了利润。做生意没有利润就是一种失败，做生意没有利润就没有意义，做生意没有利润我们还不如不做。

那么我们想要让客户满意，又不想让价格变低。怎么办？

答案就是服务。

房地产销售的售后服务工作，主要包括办理产权登记、合同备案、土地证办理等一些手续，还有交房的接待工作等。前期的售楼主要针对客户，而售后服务主要是针对房管局、土地局等。

售后服务的具体时间及内容包括以下几点：

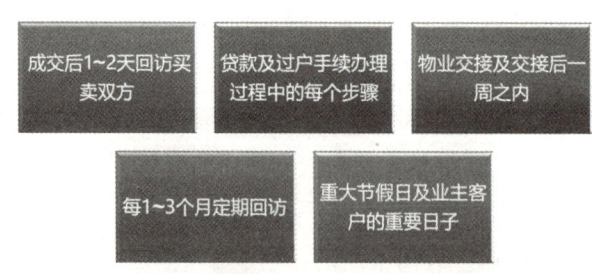

（1）成交后 1～3 天

成交后 1～3 天，房地产经纪人回访买卖双方：

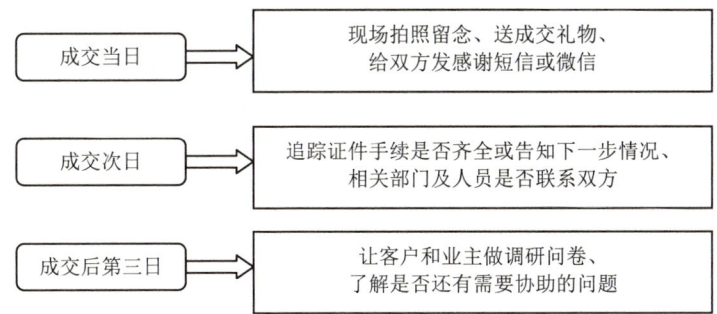

（2）贷款及过户手续中

第一，贷款手续：

第二，过户手续：

（3）物业交接及交接一周内

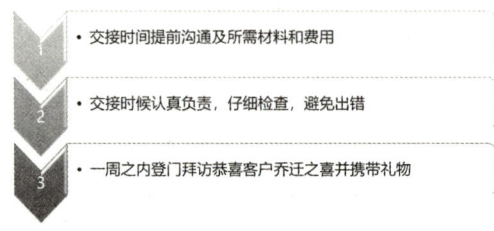

（4）每1～3个月定期回访

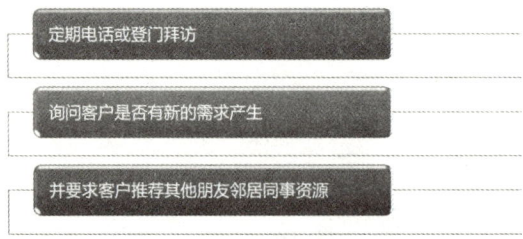

（5）重大节假日及业主客户的重要日子

业主客户：

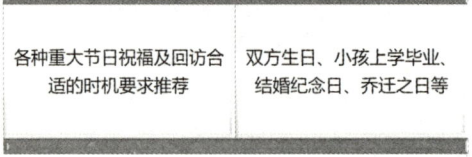

售后服务的注意事项：

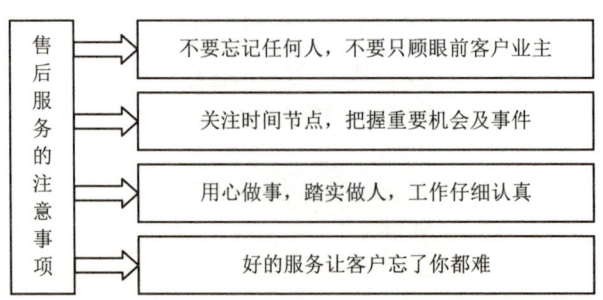

要真正直面客户，做好售后服务工作，就要为客户着想，真正做到客户满意，除了处理好客户投诉外，还需要做好其他细节的工作。

3. 从客户利益出发，推进楼盘品质优化

从客户利益出发，我们公司很重视服务，可是我们的售后服务还是不好呢？

在回答这个问题前，你先想一下是谁在帮你服务客户。答案是员工吧。所以，服务不好是员工的问题。

没有满意的员工，就没有满意的客户。

假如你的员工每天在你的公司工作得很辛苦，很难受，他能帮你把客户服务满意吗？当然不能。员工是你的第一个客户，当老板的就要先好好服务你的员工，这样他们才会帮你好好服务你的客户。如果你每天不是骂员工，就是扣他的薪水，甚至让他在很差的环境下工作，那么你的员工反过来就会骂你，骂公司。试问，这样的员工会帮你服务好客户吗？

说到底员工的问题就是老板的问题。为什么强调服务，服务还是不好？症结点就在这里。因此，想要服务好起来，你首先要服务你的第一个客户——员工，他们才会帮你照顾好你的客户。

（1）落实客户服务

学习客户服务的目的不是让你回到公司后让员工天天喊口号，回去你最重要的任务，只有两个字：落实。落实客户服务才是你的首要任务。那要如何落实呢？

第一，希望员工有什么样的表现。

你要问自己：我到底希望员工有什么样的表现？首先列下，你对员工的要求。房地产作为服务行业，你希望你的员工怎么做呢？在这里，我列举几个例子供大家学习一下。比如：

我希望我的员工每天站立几个小时，要怎么样站？

我希望我的员工对客户怎么微笑？

客户来了之后，我希望员工每隔几分钟就给客户倒水？

客户买单后，我希望员工怎样对客户？

客户打电话进来后,我希望多久之内一定要有人接听?

若客户有比较过分的要求,那我应该要求员工怎么做?

若客户生气了,我应该让员工怎么安抚客户?

这里,只举了几个有代表性的例子,你还可以罗列更多、更适合你公司的要求。总之,对于这方面的工作,你最重要的就是问自己:我到底希望我的员工有什么样的表现?现在你就立刻行动起来,拿起笔和纸赶快列出你对员工的要求。只有落实了,才不会让服务只成一个口号,更不会成一纸空文。

第二,我到底该怎样去评估。

对于这个问题,你同样可以用上面列举的方法,设定你的评估系统。比如:

我希望员工以客为尊,那我怎样去评估?

我希望客户每天开心,我应该以什么标准去评估?

我希望员工让客户满意并愿意做一切事,你怎么评估?

对于这种评估,你千万不能用形容词去表达,应该用量化的标准去评估。不能量化就是无法评估,事情无法考核就不能管理,事情无法评估就无法管理。对于我在第一步骤讲到的"你希望员工有什么样的表现"的问题,你在列举出这些问题后,你还要进一步想怎么去评估?至于如何评估,就要视各个公司的实际而定了。

比如,可以用每月销售额或者每周抱怨数量;你也可以用每个月的抱怨信或者客户的回头率;你还可以用客户的成交率或者客户评价表。在此,我就不再一一列举了,你可以根据这个提示,然后结合实际做出一个适合本公司的评估体系。

在评估的时候,要记住三个原则:只有功劳没有苦劳,再辛苦也没用,以数字论英雄;要以团队第一,个人第二,要记团队绩效,不要记个人绩效,否则有人为了个人、英雄主义,会扯别人后腿,造成恶性竞争;要将评估的结果公布,以便让员工看到成绩、记分板、图表,这样才能增强他们的服务意识。

(2)推进楼盘品质优化

在开发商项目建设方面,售后服务作为开发商与客户沟通的窗口,会收到客户的各种投诉、反馈意见,和来自物业管理公司的意见和建议。

对于这些问题，售后服务部门需要会同开发商的工程、设计等相关部门进行仔细研究，防患于未然，客观上推动楼盘品质的优化。

很多开发商认为，房地产销售和售后服务工作是两码事，将房地产销售和售后服务割裂开来，人为地阻止了售后营销活动。实际上，房地产销售是短期行为，而房地产营销是一个系统工程，售后服务是房地产营销系统的重要部分。通过售后服务，与客户进行沟通，满足客户需求，化解彼此之间的矛盾，促进相互的信任，共创优质家园，同时还可以借助老客户的口碑效应，加大企业的宣传力度，增强社会影响力，提高企业竞争力，以此促进项目后期或开发商其他项目的销售工作，全面提升公司形象。

4. 代表客户利益，细化售后的每一步工作

没有优秀的员工就没有满意的客户，所以老板首先要做的就是先服务好员工。卓越的服务都要通过管理才能实现，并且要建立一套切实可行的评估系统，才能让员工重视服务。要想知道客户对你是否满意，你可以从侧面去了解，这样才能了解客户真实的想法。

（1）遇到客户投诉的时候

客户在向房地产经纪人交涉的时候，无非有两个目的：

第一是获得房地产经纪人的认可和理解，满足一种心理上的需求。毕竟，遭受房子质量问题的折磨，心理上的伤害也是很大的。

第二是获得必要的经济补偿。客户购房的目的，就是想要获得房子的使用价值，如果房子质量出问题，一定影响自己的使用。而房地产经纪人"我能体会那种感觉"的说法方式，首先满足的就是客户的心理需要，在肯定客户"投诉有理"的同时，快速地将自己和对方放置在同一阵营里，仿佛自己是客户的后盾一样。这样做的好处就是让客户明白我肯定了你的投诉行为，并且我还要帮助你解决实际的问题，不会推卸责任，更不会逃避这件事情。

那么，这不就是客户想要得到的吗？

在遇到客户投诉的时候，房地产经纪人巧妙应对，不仅能缓解客户的情绪，

还能达到和客户之间的相互沟通和了解,抚平客户受伤的心灵。

了解客户的心理和需求,是解决问题的关键。作为一名优秀的房地产经纪人,在处理客户投诉时,不仅仅要做到缓和当时尴尬的气氛,而且还要懂得客户的心理,把话说到对方心里去,这样才能真正提高公司的形象。

(2) 当客户提出意见时

从企业的角度来说,客户提出意见和建议,目的并不是为自己赢得更多的利益,而是为了企业好。毕竟只有企业让自己满意了,才能让其他人满意,也才能最终脱颖而出,成为行业中的老大。可是很多房地产中介公司的销售人员并没有这么去想,而单单把客户的意见和建议当成是他们的"挑剔"。从这一点来说,房地产经纪人就应该"谢谢"客户的意见和建议。

另外,说"谢谢"也是为了满足客户的虚荣心理。因为很多客户在提意见和建议的时候,无非就是想显露一下自己的"博学"和"精通营销之道",这摆明了是一种赤裸裸的心理需求。此时,如果我们能感谢对方的指教,并且把这些情况记录下来,自然会让对方觉得"受到尊重""受到重视",那么心里自然也就高兴了。

说到底,在面对客户挑剔、提意见的时候,房地产经纪人不仅要肯定他们的这种行为,还要对对方表示感谢。从而拉拢对方,成为你的忠实客户。

处理客户异议的态度与形式比处理问题本身重要得多,房地产经纪人必须要明确这一点,并且应该尽最大可能地满足客户的这种心理需求,然后避实就虚,稳定客户的情绪,继续自己的客服过程。

(3) 面对客户询问时

在面对客户的询问时,房地产经纪人一定要明白对方的心理感受,做到多听少说,多肯定少质疑。更重要的是,我们要善于站在对方的立场上去说话,从而恢复客户对我们的信任。那么该如何说呢?

可以这样巧妙圆场:"如果是我,我也会这样认为!"

房子质量出了问题,客户肯定会对我们产生不信任的心理因素,而作为房地产经纪人,现在最要紧的就是通过自己的言行、服务来恢复对方对企业的信任,并且完美地解决问题,让客户高兴而归。可是这个时候,往往客户情绪都比较激动，我们该如何让他们平静下来，耐心地听我们解释呢？最好的办法就是站在对方的立场上说话，让他们知道我们是真正为他们着想的，而不是想推卸责任。

因此，在接受投诉时，说一句"如果是我，我也会这样认为"之类的话，能很快获得客户的认可，并且让他们顺利被说服。人其实都不希望自己被别人说服，尤其是当客户觉得自己这样做很没面子的时候，即使我们说得再有道理，他们也会为了维护面子而拒绝接受你的解释和道歉。而认同客户，站在客户的立场说话则不同，有一种附和、敞开心扉的好感觉，并且顺势把自己的观点告诉对方，从而减少彼此之间的对立情绪，站在对方的立场来说服对方。

在了解客户的真正想法之前，千万不要瞎猜。此时我们要全面分析局势，必要时要对客户做一些督促和引导，以发现对方的真实意图。千万不要自以为是地为自己推脱责任，否则，你将完全失去谈判的资格，甚至把企业推向万劫不复的深渊。

（4）当听不懂客户说什么时

房地产经纪人在遇到"听不懂客户说什么""客户不知所云"的时候，一定要有耐心，多问几次，多旁敲侧击，在沟通的过程当中，正确缓解客户的情绪，把企业的不良影响降到最低点。

那么，作为房地产经纪人，在遇到这种情况的时候，该如何说话呢？

"您的意思是……我可以这么理解吗？"

在无法理解客户要求的时候，最怕的就是房地产经纪人不懂装懂，误解客户的意思，从而引起情绪上的对立。那么要想解决这个问题，该怎么办呢？那就要用自己的话语来重复你所理解的客户的意思。然后再以征询的口吻来询问客户，自己是否理解对了。

比如"您的意思是……我可以这么理解吗"，就是一个非常标准的、典型的处理方法。这样一说，客户不仅不会觉得房地产经纪人是在故意刁难他，即便房地产经纪人理解错了，客户也会耐心地解释第二遍，而不会擅自发脾气。

最关键的一点是，如果房地产经纪人以这种方式来和客户沟通，不仅不会让客户觉得丢面子，而且还会让对方感觉到这个房地产中介的售后服务一流，

房地产经纪人素质相当高。即便最后事情没有完美解决，也不会心生恨意，继而给企业制造负面影响，影响企业的业绩。

准确了解客户的意图，才能到位地解决客户的疑问和事情，给客户留下售后服务一流的印象。而很多售后服务之所以做得不好、给客户留下不好的印象，原因就在于房地产经纪人和客户之间没有做好沟通，产生了误解。

（5）当客户怒气冲冲时

如果是一个优秀的房地产经纪人，在接待怒气冲冲的客户时，会怎么处理呢？

房地产经纪人可以这样巧妙圆场："哎呀，那真是太糟糕了……"

这是非常好的反应。为什么这么说呢？可以从以下两个方面看出来：

第一，表达出了房地产经纪人对客户的诚意。这种诚意是通过房地产经纪人迎合客户的情绪来体现的。至少凭借这一点，客户的情绪不会变得更糟，能够耐下心来听房地产经纪人解释事情的原因出在什么地方，该如何去解决。对于售后服务来说，这就是一个好的开始。而好的开始往往会有一个好的结果。

第二，表现出房地产经纪人对客户遭受这种不幸的同情心。毕竟，谁租房、购房的时候，都不愿意遇到这种事情，一旦遇到了，也是无奈之举，希望得到的是房地产经纪人的同情和热情的服务，而不是毫无回旋余地的拒绝，甚至是冷嘲热讽。

在与客户的商谈中，房地产经纪人难免要拒绝客户的一些要求，那么房地产经纪人应该如何在有效拒绝的同时，不至于惹火客户呢？最好的办法就是先迎合客户的感情需要，然后再通过"对不起"与请求型语言并用，有效地缓解客户的情绪。

（6）客户投诉的类型与处理

尽管你觉得对工作非常尽心，对客户也无比热情，但还是会遇到一些客户对你沉着脸，或是事事与你作对，甚至投诉到你的上司那里去。难道这些客户在无理取闹？到底是谁点燃了"上帝"？

主要是因为以下几个方面：

第一，因房子质量引起的投诉。例如，客户对房子装修质量不满，客户会提出投诉。这种投诉是客户合理合法的投诉,对于房地产经纪人来说,应该实事求是地予以解决。

第二,因服务方式、态度引起的投诉。这是最容易招致客户投诉的原因之一,比如说服务态度不好、服务礼仪不当、服务信誉不佳,都可能招致客户的投诉。比如说言语不当,反应不得体,不理会客户的疑问和异议等等。

如果客户的抱怨是正常和合理的话,又应该如何处理呢?

房地产经纪人在面对客户的抱怨时,需要良好的接待、应答技巧,以提高服务质量,正确的做法就是"先处理客户的情感,再处理客户的投诉"。而整个投诉处理的过程可以分为以下四个过程:

第一,H(Hear):有效倾听,接受批评。在接待和处理客户投诉时,房地产经纪人首先要做的就是耐心倾听,让客户把他心里要说的话说完。随意打断或者插话,可能遭到客户的反感。让客户充分地倾诉他的不满,并以肯定的态度诚恳地听他们说完,至少可以让客户在精神上得到一丝安慰。如果我们一味地打断或者辩解,只会压抑别人说话,使当事者在心理上产生反抗情绪,甚至变得激动,无法控制。

第二,A(Apologize):巧妙道歉,平息不满。客户既然有所投诉,必然有所不满,无论是什么原因,房地产经纪人都应该对客户先道歉,如果房地产经纪人能够巧妙道歉,那么投诉事件就能得到有效的平息。相反,很可能会将事件扩大,负面影响也将扩大。

第三,K(Know):调查分析,提出方案。处理客户的投诉不能仅仅局限在倾听和道歉上面,而是应该切切实实地对客户所提供的情况进行调查分析,提出正确的解决方案。这就要求房地产经纪人懂得听出客户投诉的话外之音,了解客户投诉的真正动机。

第四,S(Solve):执行方案,再次道歉。在处理客户投诉时,一旦了解客户所投诉的真正原因,就应尽快着手处理,不仅要提出可执行的方案,而且还要对客户进行再次道歉,特别是当客户离去的时候,一定要再次表示歉意。客户之所以会投诉是因为他们对服务不满,房地产经纪人应该从"保证客户满意"这一服务理念出发,认真谨慎地对待每一次客户投诉。

中国有句古话:"一诺千金。"房地产经纪人在与客户沟通中要守信,说到一定要办到，这样才会赢得客户的信任，同样客户才会遵守承诺。"承诺的事情一定要做到！"这句话现在已经成了很多房地产经纪人的信念。因为他们知道，要想和客户永远在一起就一定要守信。

房地产经纪人应始终记得：提供给客户的永远超过承诺给客户的，千万不要做过分、过多的承诺，管理好客户的期望值！有些房地产经纪人，只要客户提出要求，认为差不多能做到就立即答应，结果会如何呢？结果是造成客户的投诉和抱怨，甚至永远失去这个客户，所以欲速则不达。

不仅承诺的事情要做到，还要诚实正直。要知道没有人愿意与虚伪的人长期合作。现在的信息很发达，客户可以通过多种渠道对企业进行了解和考察。

对竞争对手的评价，最能折射出房地产经纪人的素质和职业操守。遇到客户询问竞争对手时，房地产经纪人最好保持客观公正的态度进行评价，不隐藏其优势也不夸大其缺点，让客户从你的评价中感受到你的素质和修养。记住：贬低别人并不能抬高自己。

诚实、正直、信守承诺、实事求是、客观公正，这些闪亮的品质都会帮你在客户那里获得加分。当然有了这些还是远远不够的，还要充分地利用多种交流方式让客户和自己紧紧地黏合在一起。

附：大君导师中介服务点拨

当一个房地产经纪人去拜访他的潜在客户时，即使可以很快断定这个不可能是你的客户，你也不能让他感到你冷热无常。生意可以不做，但是朋友不可不交。否则，这一趟你就白跑了。虽然他不可能和你做生意了，但是他的后面还有250个人呀，他把你当朋友了，了解你的生意了，就有机会帮你介绍生意。

既然一个人能够影响250人，那么怎么才能抓住那个"1"呢？不和陌生人做生意。

不和陌生人做生意，不是不能和陌生人接触，而是要把陌生人都变成你的朋友。这样你和熟人做生意，就会自然轻松得多了。